Caroline Krauze

W0272907

VOYAGE FAMILY

Voyager en famille

50 destinations de rêve

Guide evasion

L'auteur

Maman de 2 enfants et aventurière dans l'âme, Caroline ne se sent jamais aussi bien que sur les routes à la découverte du monde.

En 2015, elle crée voyagefamily.com, un des blogs les plus importants en France sur le voyage en famille. Son credo : encourager les parents à voyager plus avec leurs enfants, le voyage étant l'expérience la plus forte qui soit à partager ensemble.

Retrouvez-la vite sur son site, ainsi que toute sa communauté de parents voyageurs !

Pictogrammes utilisés

- Durée du trajet (à partir de Paris)
- Budget moyen constaté par jour et par personne (hors vol)
- Durée de séjour idéale recommandée
- Décalage horaire (avec la France)
- Période de l'année idéale

Un voyage en famille est une chance, un moment hors du temps : on vit en cocon en brisant la routine, on s'extasie des mêmes choses, on apprend à mieux se connaître.

Oui, le quotidien des enfants est un peu bousculé, mais ils s'adaptent avec bonheur, si facilement. Oui, les plus petits ne se souviendront pas de tout, mais fait-on seulement les choses pour leurs souvenirs ? À tout âge, l'essentiel sera préservé : ils auront développé, pour toujours, une curiosité et une adaptabilité indispensables à leur épanouissement ; ils seront marqués à jamais par l'idée rassurante et enivrante que le monde est grand et rempli de belles choses ; ils seront touchés à vie par la complicité développée avec vous pendant cette parenthèse enchantée.

J'ai voulu ce livre comme un carnet d'inspiration à feuilleter en famille afin de rêver, ensemble, à un futur départ. J'ai souhaité associer Terres d'Aventure avec qui nous partageons la philosophie d'un voyage respectueux des hommes et de la nature. De plus, leur offre « famille » met facilement l'aventure à portée des enfants. Alors vite, à deux pas de chez vous ou au bout du monde, le voyage en famille n'attend pas.

Bonne lecture à tous,

Caroline Krauze
Fondatrice du blog voyagefamily.com

Sommaire

Sri Lanka – 8
Bali et Lombok – 10
Les Visayas – 12
Cuba – 14
République dominicaine – 16
Isla Holbox – 18
Guadeloupe – 20
Lanzarote – 22
Cap-Vert – 24

7 - ÎLES DE RÊVE

Jordanie – 28
La Réunion – 30
Californie – 32
Yucatán – 34
Pérou – 36
Thaïlande – 38
Cambodge – 40
Japon – 42

27 - LOIN, LOIN, LOIN...

Slovénie – 46
Cinque Terre – 48
Marrakech et Essaouira – 50
Occitanie – 52
Sicile et îles Éoliennes – 54
Andalousie – 56
Lacs italiens – 58
Connemara – 60
Copenhague – 62

45 - PAS LOIN, PAS LONGTEMPS

Les Cyclades – 66
Lisbonne et le Sud – 68
Corse – 70
Dalmatie – 72
Crète – 74
Les Pouilles – 76
Floride – 78
Nordeste – 80

65 - TOUS À L'EAU

Écosse – 84
Islande – 86
Québec – 88
Costa Rica – 90
Argentine – 92
Afrique du Sud – 94
Tanzanie – 96
Australie – 98
Laponie – 100

83 - GRANDEUR NATURE

Birmanie – 104
Kerala – 106
Oman – 108
Équateur – 110
Madagascar – 112
Namibie – 114
Botswana – 116

103 - HORS DES SENTIERS BATTUS

Prendre le temps de voyager lentement – 120
Un tour du monde en échange de maisons – 123
Oser l'école locale pendant quelques mois – 124
Faire du tourisme solidaire en famille – 127
Comment le cyclotourisme a changé notre vie – 128
Tour du monde : qu'en reste-t-il aux enfants devenus grands ? – 131

119 - SIX FAMILLES INSPIRANTES

Index des destinations – 156
Période idéale de voyage – 157

133 - CARNET PRATIQUE

VOYAGE
FAMILY
ÎLES
DE RÊVE

Sri Lanka

Singes, éléphants, temples, tuk-tuks, plantations de thé, rizières et plages tropicales… Sans parcourir trop de kilomètres, le Sri Lanka offre un condensé de culture asiatique et d'aventures. Le top !

Pour prendre le pouls du Sri Lanka, rien de mieux que de commencer le voyage par le triangle culturel au cœur de l'île (Anuradhapura – Polonnaruwa – Kandy). En chemin, passez dire bonjour aux éléphants de l'orphelinat de Pinnawala à l'heure du bain. Vous n'oublierez pas de si tôt ces images étonnantes ! Puis, grimpez tout en haut du rocher sacré de l'ancienne capitale royale de Sigiriya pour en prendre plein la vue.

À Polonnaruwa, c'est à vélo que vous ferez la course avec les singes au milieu des temples en ruines, avant d'être stoppés net par un magnifique bouddha géant. À Kandy, autre lieu, autre ambiance. Plongez dans l'atmosphère mystique du temple bouddhiste de la Dent avant de vous balader dans la forêt de bambous et des arbres millénaires du Jardin botanique. On y vient aussi pour prendre un train bleu plein de charme qui vous conduira à Ella dans les montagnes en sillonnant les collines et les plantations de thé.

Attention, expérience grisante !

Enfin, après un safari dans l'un des 13 parcs animaliers du Sri Lanka, il sera temps de partir à la plage. Vous l'aurez bien mérité ! À Mirissa où la baignade est adaptée aux plus petits, à Trincomalee avec son snorkeling de rêve, ou à Arugam Bay avec sa plage de surfeurs… à vous de choisir !

Voir carnet pratique p. 134.

Vos kids vont aimer

- Se balader en tuk-tuk, cheveux au vent.
- Prendre le train depuis Kandy qui circule au milieu des plantations de thé.
- Faire un safari à Uda Walawe pour observer les animaux depuis la Jeep.
- Escalader les escaliers à flanc de falaise jusqu'en haut du rocher de Sigiriya.
- Sauver des bébés tortues au Kosgoda Sea Turtle Conservation Project à Bentota.
- Randonner jusqu'au Little Adam's Peak, au milieu des cultures de thé à Ella.
- Faire la course avec les singes au jardin botanique de Kandy.
- Être émerveillés, tous sens en aguet, au temple de la Dent de Kandy.
- Jouer dans les vagues de Mirissa ou faire du snorkeling à Trincomalee.

12 h 30

30 €/j

2-3 semaines

+ 3 h 30 (été)
+ 4 h 30 (hiver)

Déc.-mars : ouest et sud
Mai-sept. : est

Sri Lanka

Petit pays aux mille aventures

Bali et Lombok

En mixant les paysages de rizières et le raffinement culturel de Bali avec les plages de rêve des îles au large de Lombok, vous ne serez pas loin d'avoir trouvé l'idéal du bonheur en famille en Indonésie.

Arriver à Bali, c'est entrer dans un monde qui ne ressemble à aucun autre. Un monde sacré tout d'abord, avec des milliers de temples, des offrandes colorées, une religion hindouiste qui invite à l'apaisement. Un monde de raffinement ensuite, car les Balinais ont indéniablement une âme artistique : sculptant sur bois, peignant et tressant des feuilles de bananier comme personne. Un monde de nature enfin, avec des panoramas féeriques sur des rizières en terrasses mais aussi des singes et des oiseaux multicolores.

De Ubud, la capitale culturelle, aux rizières de Munduk et de Sidemen, en passant par le petit village de pêcheurs de Amed, tous vos sens seront en éveil. Vos enfants vont adorer se balader à vélo comme les locaux et se baigner dans les sources d'eau chaude volcaniques de l'île. Après cet éden terrestre, c'est au tour de la mer de vous montrer ce qu'elle a de meilleur. Pour cela, direction Nusa Penida, Gili Air ou Gili Nanggu par exemple, des îles au large de Bali et de Lombok, sa voisine. Entre robinsonnades sur les plages de sable blanc et baignades au milieu des raies manta et des tortues marines, le nirvana n'est pas loin !

Tous les sens en éveil !

Si en plus, vous avez l'occasion de louer un bateau pendant quelques jours pour naviguer entre ces petits bijoux perdus, vous deviendrez alors définitivement les « maîtres du monde ».

Voir carnet pratique p. 134.

Vos kids vont aimer

- Sauter de pierre en pierre entre les bassins du temple Water Palace (Bali).
- Passer un après-midi au milieu des 600 macaques de la Monkey Forest à côté de Ubud (Bali).
- Se baigner dans les bains sacrés du temple Mengening ou dans les sources d'eau chaude volcaniques de Banjar ou Batur (Bali).
- Se balader à vélo entre les rizières autour de Ubud, Munduk ou Sidemen, et se baigner dans les rivières ou les piscines naturelles (Bali).
- Gravir le volcan Batur (4 h de marche) et regarder le soleil se lever sur la mer (Bali).
- Voir des raies manta à Nusa Penida et nager avec des tortues autour des îles Gili.
- Explorer l'île Gili Air, vierge de toute voiture, à vélo ou en calèche.

16 h 30

35 €/j

2-3 semaines

+ 6 h (été)
+ 7 h (hiver)

Juin-oct.

Indonésie

L'Éden côté terre et mer

Les Visayas

D'un côté, il y a les plages de rêve et les fonds marins exceptionnels. De l'autre, une forêt tropicale luxuriante avec cascades et rivières : des aventures autant mer que nature, mais toujours paradisiaques.

Petit chapelet d'îles, les Visayas sont situées au centre de l'archipel des Philippines. Ça fait une petite trotte, mais le paradis se mérite ! À peine arrivés sur l'île de Cebu, vous filez nager avec les requins-baleines (impressionnants et inoffensifs). Vous pourrez aussi y découvrir la forêt tropicale en remontant la rivière Kawasan pour vous baigner dans les cascades. Puis d'un coup de bateau, direction l'île de Negros. À vous les plages sublimes, les baignades dans une eau de rêve, mais aussi le kayak ou la plongée pour les plus grands. Toute la famille peut par ailleurs enfiler son masque et son tuba pour explorer un des plus beaux fonds marins du monde autour de l'île Apo, à l'est : tortues marines, poissons-clowns, coraux, poissons-perroquets, il y a du monde sous l'eau !

Plages sublimes et baignades dans une eau de rêve

Vous terminez enfin par Bohol à quelques heures de bateau d'Apo, autre ambiance, plus *roots*. Cette île est elle aussi bordée d'une eau translucide, mais elle renferme, en plus, un trésor répondant au savoureux nom de Chocolate Hills : ces collines improbables prennent une couleur chocolat au printemps et sont inscrites au Patrimoine mondial par l'Unesco. Plus loin dans la jungle, vous tomberez amoureux du tarsier, un petit singe de 15 centimètres aux yeux exorbités. Et le soir, des centaines de lucioles danseront pour vous aux abords de la rivière Loboc. Féerique !

Voir carnet pratique p. 134.

Vos kids vont aimer

- Conduire un radeau de bambou pour passer derrière les eaux des cascades de la rivière Kawasan (Cebu).
- Assister au ballet des lucioles dans la forêt près de la rivière Loboc (Bohol).
- Partir en *banca*, le bateau traditionnel à balancier, pour nager au milieu des poissons multicolores (Negros, Bohol) et des requins-baleines.
- Attraper des fous rires en observant les tarsiers, plus petits primates du monde (Bohol).
- Grimper jusqu'au point de vue sur les Chocolate Hills (Bohol).
- Nager au milieu des tortues marines autour de l'île Apo (Negros).
- S'initier à la plongée sous-marine à partir de 8 ans.

16 h

29 €/j

2 semaines

+ 7 h (hiver)
+ 6 h (été)

Fév.-mai

Philippines

Un bout du monde,
un paradis...

Cuba

Palais coloniaux colorés, musique envoûtante, vieilles voitures américaines et plages dorées… À Cuba, on se balade et on nage autant qu'on danse.

On pense tout de suite à faire rimer Cuba avec salsa… et on a raison ! La musique est omniprésente sur l'île. À Trinidad, quel bonheur de vibrer en famille aux sons des nombreux concerts de la ville. Les Cubains sont chaleureux et adorables avec les petits. Ils emmènent leurs *niños* partout… alors, pourquoi pas vous ?

Cuba évoque ensuite les belles américaines décapotables. Et là encore, bingo : elles sont toujours légion et confèrent à l'île un charme fou. Vous pouvez d'ailleurs en louer une pour vous balader sur le Malecón à la Havane, mythique front de mer bordé par les maisons coloniales en ruines. Saisissant !

Vos kids vont aimer

- Passer d'une voiture américaine décapotable à un coco-taxi jaune au look futuriste qui se faufile partout à la Havane.
- Danser sur la musique cubaine tous les soirs et s'essayer aux instruments prêtés par les musiciens.
- Faire du snorkeling dans les eaux translucides des îles au large de Cuba.
- Dormir chez l'habitant dans les *casas particulares* et se faire bichonner par les Cubains qui adorent les enfants.
- Faire une balade à cheval dans la région de Viñales et de Trinidad, et traverser des rivières comme un vrai *vaquero*.
- Marcher au milieu des caféiers et des bambous avant de se baigner dans les piscines naturelles et les cascades de El Nicho (près de Cienfuegos).
- S'initier au baseball, sport national à Cuba, avec les enfants du coin.

Une nature luxuriante, et des Cubains festifs et accueillants

On y pense moins, mais « l'île crocodile » est aussi une terre agricole où le temps s'est arrêté. Profitez de moments suspendus dans les campagnes, explorez les champs de bananiers de Los Ingenios ou les champs de tabac de la région de Viñales, et visitez les fameuses usines de cigares toujours confectionnés à la main. L'odeur qui y règne et la fabrication artisanale marqueront les esprits de toute la famille.

Enfin, n'oubliez pas les plages des Caraïbes dont on profite, au calme, depuis la petite île de Cayo Levisa par exemple. Des paradis à l'eau turquoise, quelques bungalows sur pilotis et des plages secrètes, voilà tout votre programme !

Voir carnet pratique p. 135.

10 h 30

50 €/j

2-3 semaines

– 6 h

Fin nov.-fin mai

Cuba

Sur un air de salsa

République dominicaine

La République dominicaine a bien plus à offrir que des plages sublimes bordées de cocotiers. Elle apprend le lâcher-prise sur des airs de merengue et invite à l'aventure dans la montagne et la mangrove. Le tout, accompagné par le sourire de ses habitants.

Il est facile d'assimiler la République dominicaine à ses offres *all-inclusive* de Punta Cana et Puerto Plata. Pourtant comme souvent, sortis de ces stations balnéaires repliées sur elles-mêmes, vous entrez dans un autre monde. À Samaná, au nord de l'île, c'est même sur une terre vierge aux longues plages désertes que vous pénétrez. Une terre où le quotidien se déroule paisiblement aux sons du merengue et des dominos qui claquent sur les tables. Une terre où les pêcheurs du village de Las Terrenas ramènent du poisson et des langoustes que l'on déguste dans des paillotes sur la plage. Une terre où l'on pagaie tranquillement dans la mangrove à la découverte de la faune sauvage. Une terre où l'on part à cheval à la découverte de magnifiques cascades cachées dans la forêt. En une dizaine de jours, vous avez aussi le temps de flâner dans la jolie capitale de Saint-Domingue pour vous imprégner de ses bâtiments coloniaux aux couleurs pastel et de son riche passé lié à la découverte du Nouveau Monde.

Entrez dans un autre monde

Vous pourrez également profiter des montagnes de Jarabacoa et des champs de tabac de la vallée du Cibao pour faire des petites randonnées avec les enfants. Du bleu azur au vert nature, voilà une île qui permet d'en voir de toutes les couleurs !

Voir carnet pratique p. 135.

Vos kids vont aimer

- Partir en bateau dans le Parc national Los Haitises, entre grottes cachées et observation des perroquets et pélicans (baie de Samaná).
- Enfourcher un cheval pour atteindre la cascade El Limon, haute de 40 mètres, cachée dans la jungle.
- Se faufiler entre les racines de la mangrove en kayak avant d'arriver sur la jolie Playa Coson.
- Se baigner et faire du snorkeling sur les magnifiques Playa Grande, Playa Preciosa et Playa Rincon.
- Observer les baleines à bosse faire leurs saltos de janvier à mars (Samaná).
- Acheter des langoustes et du poisson aux pêcheurs de Las Terrenas directement sur la plage.
- Faire du cerf-volant sur la plage de Cabarete ou s'initier aux sports de glisse.

9 h

70 €/j

10 jours

– 5 h (hiver)
– 6 h (été)

Déc.-fin avr.

République dominicaine

Langoustes, mangrove et merengue

Isla Holbox

Des plages de sable blanc, des baleines, des flamants roses, des petites adresses pour dormir sur la plage et des buggys électriques pour seules voitures… Chuuut, voici un endroit à garder secret !

Isla Holbox est une petite île au nord de la péninsule du Yucatán au Mexique. À seulement deux heures de Cancún, vous arrivez au petit port de Chiquilà, au bout de la route, au bout du monde. Voiture, soucis et vie trépidante : vous laissez tout ici !

C'est donc délesté du superflu que vous embarquez sur une petite *lancha* à moteur pour vous retrouver en vingt minutes sur une île où le temps s'est arrêté. Vous prenez un buggy électrique « taxi », puisque ce sont les seules voitures autorisées sur l'île, et trois rues non goudronnées plus tard, vous arrivez à l'hôtel face à une magnifique plage de sable blanc bordée d'une eau bleu turquoise.

Un petit paradis !

Ensuite, c'est vous qui décidez. Soit vous bouquinez tranquillement sous les cocotiers pendant que les enfants passent leur journée à jouer dans une mer à 30 °C, soit vous faites des pauses pour explorer l'île, sa faune et ses paysages incroyables. Vous pourrez, par exemple, louer un buggy pour rejoindre Punta Mosquito et sa plage déserte complètement magique (vous pourrez peut-être y apercevoir des flamants roses !), mais également Punta Coco et son autre plage où vous serez seuls au monde. Vous oserez nager avec des requins-baleines, des tortues et des raies, une activité possible avec des enfants à partir de 5 ans. Lors de la visite en bateau de la cénote Yalahau, vous aurez même la possibilité d'apercevoir des crocodiles dans la mangrove. Assurez-vous cependant d'être de retour pour l'apéro sur la plage afin d'assister au coucher du soleil… autre activité phare de l'île, à ne manquer sous aucun prétexte.

Voir carnet pratique p. 134.

11 h

40 €/j

4-6 jours

– 6 h (hiver),
– 7 h (été)

Déc.-mai

Mexique

Vos kids vont aimer

- Nager avec des requins-baleines, totalement inoffensifs.
- Rouler en buggy électrique sur la plage.
- Se baigner dans une mer translucide à 30 °C.
- Faire un tour en bateau et tenter d'apercevoir des crocodiles dans la mangrove.
- Le soir, manger les crêpes dentelles fourrées sur la place du village.
- Observer les flamants roses depuis Punta Mosquito.
- Assister au spectacle du plancton phosphorescent depuis une barque en pleine nuit.
- Siroter les noix de coco de José qui passe sur la plage avec son échoppe ambulante.

Jouer les Robinsons au Mexique

Guadeloupe

La Guadeloupe est une destination « soleil » facile. Si vous voulez profiter du farniente sur des plages bordées de cocotiers, le choix est vaste. Si vous aimez alterner avec des activités kids friendly plus sport et nature, vous serez également conquis.

Trouvez une jolie case créole sur Basse-Terre, la partie sauvage de la Guadeloupe, et commencez par prendre un long bain sur la magnifique plage de Grande Anse à Deshaies. L'eau est à 26°, les cocotiers sont de parfaits parasols : vous en ferez vite votre camp de base ! Partez ensuite pour la réserve Cousteau faire du snorkeling au milieu des poissons et des tortues. Le soir, l'apéro aux accras, aux langoustes, et aux jus tropicaux en regardant le coucher du soleil vous plonge définitivement dans l'ambiance.

Les paysages, les plages et les plongeons sont paradisiaques !

Passez une journée au Parc des Mamelles pour observer des iguanes, des singes et des jaguars, mais aussi pour se balader à plus de 20 mètres de hauteur sur des passerelles au milieu de la forêt tropicale. Le jour suivant, vous donnez à manger aux perroquets du jardin botanique de Deshaies venus se poser sur vos épaules.

Enfin, jouez les aventuriers dans la forêt, et rejoignez les nombreuses cascades de l'île comme celles des Écrevisses, du Saut de la Lézarde, ou de la troisième chute du Carbet au pied du volcan de la Soufrière.

Pour finir, retrouvez la mer et l'eau turquoise dans les îles magiques des Saintes et de Marie-Galante. Les paysages, les plages et les plongeons au milieu des poissons multicolores sont paradisiaques, la douceur créole qui y règne aussi.

Voir carnet pratique p. 135.

8 h 30

80 €/j

1 semaine

– 5 h (hiver)
– 6 h (été)

Déc.-fin avr.

France

Vos kids vont aimer

- Passer des heures dans l'eau au milieu des poissons multicolores.
- Observer iguanes et requins-citron (île de Petite-Terre).
- Sauter dans les vasques formées par les cascades dans la jungle tropicale.
- Rester immobiles pour laisser les perroquets se poser sur leurs bras (jardin botanique de Deshaies).
- Nager avec les tortues (réserve Cousteau).
- Visiter une bananeraie ou une sucrerie en tracteur et boire des jus frais.
- Marcher dans la forêt tropicale sur des ponts suspendus à 20 mètres de hauteur pour les plus grands, et sur des passerelles pour les plus petits (Parc des Mamelles).
- Visiter la distillerie de rhum Séverin en petit train (Sainte-Rose).
- Filer en catamaran sur des eaux transparentes et turquoise à la découverte de petites îles.

Une mer et des cascades de rêve

Lanzarote

Une île où il fait bon toute l'année, où les paysages lunaires côtoient les plages de sable doré et où un artiste un peu fou a eu le génie d'intégrer ses créations artistiques aux paysages volcaniques, ça titille la curiosité, non ?

À Lanzarote, île la plus à l'est des Canaries, la température moyenne à l'année est de 22 °C. Une bonne nouvelle pour profiter, même l'hiver, de ses magnifiques plages aux eaux turquoise, comme celle de Papagayo. Les plus petits sont ravis de s'atteler à la construction de châteaux de sable pendant que les plus grands s'essayent au surf sur la plage de Famara. Mais ce qui frappe le plus à Lanzarote, ce sont les paysages lunaires du centre de l'île où quelque 300 cratères façonnent le terrain et contribuent à lui donner cette atmosphère si particulière.

Une ambiance irréelle et magique

L'artiste César Manrique a passé sa vie à intégrer des œuvres d'art à cet environnement volcanique et à se battre pour préserver l'authenticité de son île natale. Il s'est adapté aux terrains laissés par les éruptions et a aménagé les grottes et les tunnels creusés par des coulées de lave... Autant de lieux à visiter, mystérieux, ludiques et fascinants pour les petits comme pour les grands.

Enfin, Lanzarote, c'est aussi le vrai Sud. Celui qui est parsemé de figuiers, de villages aux maisons blanches, de cactus et de palmiers. Leur contraste avec les paysages désertiques aux alentours est saisissant et très photogénique. Une petite île énigmatique, si proche, et pourtant si loin.

Voir carnet pratique p. 135.

Vos kids vont aimer

- Découvrir les volcans de près et manger des grillades cuites sur les geysers du Parc national de Timanfaya.
- Se prendre pour James Bond dans les tunnels de l'incroyable maison de la Fondation Manrique construite dans une coulée de lave.
- Repérer les crabes albinos dans le lac souterrain de la grotte de lave Jameos del Agua.
- Se baigner sur les jolies plages de sable doré comme celle de Papagayo.
- Courir au milieu du magnifique Jardin de Cactus (Guatiza).
- Se prendre pour les maîtres du monde depuis le point de vue du Mirador del Rio.
- S'amuser sur les places aménagées de jeux pour enfants dans tous les villages de l'île.
- Prendre le ferry et se balader à vélo une journée sur l'île sauvage de la Graciosa.

4 h

55 €/j

1 semaine

– 1 h

Mai-juin

Espagne

La mystérieuse « île aux 1 000 volcans »

Cap-Vert

100 % authentique, multiculturel et envoûté par la musique de Cesária Évora, le Cap-Vert emmène les familles aventurières dans une contrée qui ne ressemble à aucune autre.

Le Cap-Vert, ce sont en tout 10 îles de rêve. Toutes balayées par des influences africaine et portugaise qui offrent un mélange unique. Toutes chevillées au corps par la musique qui rythme la vie locale. Toutes fièrement tournées vers la mer. Toutes capverdiennes et, pourtant, toutes si différentes les unes des autres.

Choisir deux ou trois îles est un bon compromis avec des enfants. L'île São Vicente, la plus culturelle et cosmopolite, permet de faire le plein d'ondes positives dans son étonnante ville de Mindelo avec ses sublimes bâtiments et ses maisons colorées.

L'île Santo Antão, un jardin tropical entouré de pics volcaniques, permet de s'imprégner d'une nature époustouflante. L'île Boa Vista (moins touristique que sa voisine Sal) permet enfin de se reposer sur des plages sublimes et d'explorer, en 4x4, le désert de dunes qui tombe dans la mer.

Le plein de nature, de grand large et de vie paisible

On ne vient pas ici pour barboter dans un lagon : la mer, comme les paysages, a son caractère ! On y vient pour monter dans un pick-up et profiter de la vie dans les petits villages à flanc de colline ; pour faire des petites randonnées accessibles aux enfants au milieu des cultures de cannes à sucre et de mangues ; pour jouer au football sur les plages avec les petits du village. Bref, pour faire le plein de nature, de dépaysement, de grand large et de vie paisible.

Voir carnet pratique p. 135.

Vos kids vont aimer

- Faire des randonnées sur Santo Antão et finir sur une plage les pieds dans l'eau.
- Se balader à vélo sur les îles plates comme Boa Vista et Sal.
- Partir à la découverte du désert de dunes de Viana sur Boa Vista.
- Se baigner sur les plages de São Vicente, Sal et Boa Vista à l'abri du vent.
- Écouter la fanfare jouer sur la place principale de Mindelo (São Vicente).
- Faire du cerf-volant sur les plages désertes de Boa Vista.
- Profiter des piscines dans les petits hôtels avant de partir en pick-up à la découverte des villages colorés.
- Découvrir les mérous à pois bleus et les poissons-perroquets dans les cales des barques au retour de la pêche.

8 h

70 €/j

10 jours

– 2 h (hiver)
– 3 h (été)

Oct.-juil.

Cap-Vert

Archipel d'authenticité
et de dépaysement

VOYAGE
FAMILY
LOIN,
LOIN,
LOIN...

Jordanie

Les labyrinthes roses de Petra pour jouer aux aventuriers, les bédouins du Wadi Rum pour rire et chanter, la mer Rouge pour se baigner et la mer Morte pour flotter.

Un territoire restreint avec autant d'aventures ludiques et un peuple si accueillant et passionné par les enfants, c'est forcément le rêve pour un voyage en famille !

Imaginez. Vous commencez le périple par l'expérience insolite de flotter comme un bouchon de liège sur la mer Morte. Vous continuez avec les châteaux de la Route des Rois, et notamment celui de Shobak qui surplombe les montagnes désertiques aux multiples couleurs. Vous dormez dans un écolodge dans la réserve naturelle de Dana et randonnez dans l'époustouflant canyon au milieu des chèvres et des bédouins. Puis, vous arrivez dans l'étincelante cité rose de Pétra, l'une des sept nouvelles merveilles du monde : partez à la découverte des 800 monuments du site, tels des aventuriers, en alternant la marche au fond de l'étroit et sinueux canyon du Sîq et les balades à dos d'âne pour grimper les montagnes.

Enfin, avant de voir la vie en bleu dans les profondeurs sous-marines de la mer Rouge à Aqaba, passez quelques jours en méharée dans le Wadi Rum, sublime désert de grès rose et de sable d'or, aux arches et aux tours sculptées. L'arpenter en 4x4 et en dromadaire aux côtés des bédouins, dormir sous la tente, manger et chanter au coin du feu en regardant les étoiles, ça n'a pas de prix.

Voir carnet pratique p. 136.

Les points de vue sont magiques

4 h 35

70 €/j

1-2 semaines

+1 h

Automne

Jordanie

Vos kids vont aimer

- Alterner les balades à dos d'âne, en dromadaire, à pied et en 4x4.
- Profiter de baignades dans la mer Rouge, la mer Morte et les piscines des hôtels à Petra.
- Se prendre pour Indiana Jones dans la cité troglodyte de Petra et dans l'étroit canyon du Sîq.
- Dormir sous une tente dans le désert du Wadi Rum aux côtés des bédouins.
- Escalader les dunes de sable du Wadi Rum et se laisser rouler pour les descendre.
- Se régaler de *shawarmas* (sandwichs fourrés à la viande cuite à la broche) et de pâtisseries orientales.
- Visiter le village de Dana aux allures de ville fantôme et profiter de la vue spectaculaire sur le canyon.

Petits bédouins au pays enchanté

La Réunion

Un voyage pour les familles amoureuses de la montagne et des petites randonnées, des baignades dans les cascades et de la culture créole, évidemment !

La Réunion est un métissage de civilisations européenne, africaine, indienne et asiatique. C'est également un savant mélange de paysages : océan, volcan, cirques naturels, cascades, forêts, plantations de vanille et de cannes à sucre... Ici, le farniente se pratique après une bonne journée de découvertes.

Un savant mélange de paysages

En arrivant, posez vos valises à Hell-Bourg ou à l'Entre-Deux, adorables villages avec leurs cases créoles colorées, posés au pied de magnifiques montagnes. Les balades dans les ruelles tranquilles laissent place aux randonnées sur les nombreux sentiers du cirque luxuriant de Salazie, ou de celui de Mafate, inaccessible en voiture. Le cirque de Cilaos, avec ses pics vertigineux et ses rivières, est un joyau où vous pourrez initier les enfants au canyoning. Dans les trois, des randonnées accessibles avec les enfants sont possibles.

Dans le Sud sauvage, le volcan actif du Piton de la Fournaise est une autre attraction. On se balade au milieu des coulées récentes ainsi que sous terre, dans des tunnels de lave. Autour, la jolie route de Saint-Pierre à Sainte-Rose vous emmène de falaises de lave qui se jettent dans la mer, en cascades et en jolis points de vue.

Si vous aimez le sable doré, les plages de l'Hermitage ou du Trou d'Eau, à l'ouest, sont parfaites, et l'apéro, au coucher du soleil, est incontournable !

Voir carnet pratique p. 136.

11 h

95 €/j

10 jours

+ 2 h (été)
+ 3 h (hiver)

Avr.-nov.

France

Vos kids vont aimer

- Se baigner dans les sources thermales (Cilaos).
- Dormir une nuit en refuge comme des explorateurs (Mafate, Cilaos).
- Faire de la luge d'été au milieu d'une nature luxuriante au parc de la Luge (Piton du Maïdo).
- Observer les étoiles à l'Observatoire des Makes.
- Plonger dans l'univers des volcans à la Cité du Volcan, ludique et interactive.
- Se baigner et pique-niquer à la cascade Langevin ou à la cascade Niagara.
- Choisir samossas et bouchons (bouchées de viande cuites à la vapeur) sur les échoppes du marché (Saint-Pierre).
- Visiter l'Observatoire des tortues marines (Saint-Leu).

Nature intense pour sportifs en herbe

Californie

Sortez votre surf, vos tongs et laissez-vous envahir par l'atmosphère californienne : il y règne un vent de liberté, de coolitude et de créativité qui vous donnera des ailes.

La côte californienne, c'est tout d'abord le mélange explosif de deux villes mythiques : la douce et branchée San Francisco, et l'énergique et démesurée Los Angeles. C'est également la Highway One : une route grandiose qui surplombe l'océan Pacifique. Près de 900 kilomètres ponctués de falaises, de plages de sable blanc, d'animaux sauvages et de petites stations balnéaires charmantes comme Carmel-by-the-Sea, Monterey et Santa Barbara.

Une ambiance décontractée qui fait du bien !

Reste maintenant à occuper les enfants. Là encore, c'est la classe américaine. À San Francisco, on alterne balade à vélo sur le mythique pont Golden Gate, montagnes russes dans les *cable cars* à travers les rues pentues de la ville, et sensations fortes à la prison d'Alcatraz. À Monterey, vous pouvez observer en kayak les phoques de la réserve d'Elkhorn Slough. À Santa Barbara, vous prenez le large dans le parc national des Channel Islands et profitez de la nature. À Los Angeles, il ne faut pas rater la plage de Venice Beach et ses spectacles de rue. Vous pouvez faire du skate, louer une planche de surf puis terminer la journée à vélo jusqu'au *pier* de Santa Monica : son petit parc d'attraction qui domine la mer est parfait ! Et surtout, n'oubliez pas de vous la jouer « star » sur Hollywood Boulevard ou dans les studios de cinéma Universal. What else ?!

Voir carnet pratique p. 136.

11 h 30

90 €/j

2-3 semaines

– 9 h

Mai-oct.

États-Unis

Vos kids vont aimer

- Courir sur les plages sauvages le long de la Highway 1 et apercevoir les baleines au loin.
- Prendre les *cable cars* qui arpentent les rues vallonnées de San Francisco.
- S'amuser à observer les lions de mer faire bronzette sur le Pier 39 de San Francisco.
- Visiter la prison d'Alcatraz et se faire de chouettes frayeurs avec les bruitages (San Francisco).
- Passer une nuit en compagnie des alligators et des pingouins au planétarium de l'Académie des sciences de San Francisco.
- Manger des barbes à papa face à la mer dans les parcs d'attraction de Santa Monica et de Santa Cruz.
- Apprendre à surfer à Malibu Beach près de Los Angeles.
- Regarder les danseurs à roller sur Venice Beach puis s'entraîner au skate park réservé aux enfants le matin.
- Retrouver Harry Potter aux Studios Universal Hollywood à Los Angeles.

Faire le plein d'ondes positives aux USA

Yucatán

Les cités mayas valent à elles seules le détour, mais les baignades avec les tortues dans la mer cristalline et les plongeons dans les cénotes au cœur de la jungle sont tout aussi inoubliables.

La péninsule du Yucatán est une destination unique. Il y a d'abord des plages idylliques dont on profite loin du monde, à Tulum ou à Isla Holbox. Vos enfants ne se lasseront pas de nager dans la mer chaude et transparente des Caraïbes avec les tortues, les raies et même les requins-baleines (inoffensifs). Plus au sud, ils seront également au paradis en plongeant dans la lagune envoûtante de Bacalar, avant de partir en bateau profiter de ses déclinaisons de bleu et de vert.

Le voyage continue à la découverte d'un monde mystérieux. Depuis les hauteurs des pyramides mayas d'Uxmal (plus tranquilles que Chichén Itzá) qui dominent la jungle, vous serez transportés dans un monde mystique et magique en compagnie des iguanes qui vous suivront pendant les visites.

Mais le Mexique, ce sont aussi des villes aux personnalités bien trempées. Il y a la festive Mérida avec sa place centrale qui s'anime tous les soirs au son des musiciens et des spectacles dont profitent toutes les générations. Il y a également des villes multicolores comme Campeche et Izamal, si douces et pittoresques. Un peu chaud ? Bonne nouvelle ! Les cénotes, ces piscines naturelles creusées dans des grottes au milieu de la jungle, ne sont jamais loin dans le Yucatán. Des lieux sacrés pour les Mayas... mais aussi pour les familles !

Voir carnet pratique p. 136.

Un monde mystique et magique

11 h

40 €/j

2 semaines

– 7 h (hiver)
– 6 h (été)

Nov.-avr.

Mexique

Vos kids vont aimer

- Grimper en haut des pyramides mayas et découvrir les traces de leur civilisation.
- Boire un chocolat chaud préparé selon la recette maya au musée Choco Story d'Uxmal.
- Courir à perdre haleine sur l'immense plage de sable blanc de Boca Paila à Tulum.
- Se balader dans les jolies calèches d'Izamal, belle cité jaune.
- Sauter dans les cénotes depuis les pontons de bois.
- Dormir dans des *cabañas* les pieds dans le sable sur la plage de Tulum.
- Faire du bateau sur l'eau envoûtante de la lagune de Bacalar.
- Faire la fête sur le Zocaló de Mérida.

Entre sites mayas, plages et cénotes

Pérou

Incas, lamas, Machu Picchu et lac Titicaca : le Pérou vous emmène sur les traces de Tintin et d'Esteban des Mystérieuses Cités d'or. Un pays où l'imaginaire, l'aventure et le sacré sont rois !

Le voyage commence à Cuzco, ancienne capitale de l'Empire inca. Une ville douce à l'architecture magnifique, une ville avec ses lamas, son histoire, ses ruines, et ses Indiens quechuas aux jolis ponchos colorés.

Il se poursuit dans la vallée Sacrée, haut lieu vénéré des Incas où l'on se rend compte du passé grandiose à la fois religieux et agricole de cette civilisation. À Pisac et Ollantaytambo, vous visitez les ruines qui dominent la vallée et les cultures en terrasse qui la façonnent.

À Moray, vous découvrez comment les Incas ont inventé un système astucieux pour cultiver des pommes de terre à 4 000 m d'altitude. Tout autour de vous, la nature déploie des reliefs saisissants. Vous en profitez à Urubamba pour faire du VTT et du rafting sur le río, ou pour faire une petite randonnée avec les enfants autour de la lagune de Kinsa Cocha. Au bout de cette vallée, c'est le Machu Picchu, un bijou architectural au milieu des montagnes, témoin majestueux du génie des Incas.

La nature déploie des reliefs saisissants !

Dernière étape, dernier lieu mythique : le lac Titicaca. Vous dormez sur les îles Amantani et Taquile pour profiter de vues sublimes sur l'eau et la cordillère enneigée. En chemin, les îles flottantes des Uros, gigantesques barques en roseaux, sur lesquelles les habitants construisent leur résidences, étonneront toute la famille.

Voir carnet pratique p. 137.

Vos kids vont aimer

- Courir dans la cité perdue du Machu Picchu en s'inventant des histoires.
- Découvrir les secrets du cacao et faire des truffes au musée du Chocolat de Cuzco.
- Découvrir l'art de cultiver des légumes dans des conditions extrêmes et visiter le Parc de la pomme de terre dont sont issues les variétés qu'ils adorent.
- Marcher autour des trois lacs de Kinsa Cocha au milieu des lamas et des alpagas.
- S'essayer au rafting sur la rivière de Urubamba.
- Découvrir la vie quotidienne dans les maisons flottantes sur le lac Titicaca.
- Découvrir que sur l'île Taquile du lac Titicaca, ce sont les hommes qui tricotent.
- Partir en excursion quelques jours dans la forêt amazonienne et vivre au milieu des singes et des perroquets.

12 h 30

50 €/j

3 semaines

– 6 h (hiver)
– 7 h (été)

Avr.-sept.

Pérou

À la découverte des Mystérieuses Cités d'or

Thaïlande

Si la réputation des îles thaïlandaises en matière de dépaysement et de relaxation n'est plus à faire, le nord du pays, avec ses montagnes, ses éléphants, ses ethnies et ses temples est également inoubliable avec les enfants.

Bangkok est une capitale à ne pas manquer en famille. Entre une balade en bateau sur les canaux (*khlong*) à la découverte de la vie locale, l'escalade périlleuse de la haute tour du temple Wat Arun, la rencontre avec les moines et les dorures du Wat Phra Kaeo, sans oublier toutes les spécialités culinaires des marchands ambulants, voici une ville qui fait autant tourner la tête que les papilles.

Après une balade féerique à travers les sept cascades d'Erawan, puis une journée à pédaler entre les temples khmers en ruine perdus dans la végétation de Sukhothaï, vous atteignez le nord du pays.

Chiang Mai est une ville à la cuisine et à l'artisanat raffinés, aux temples magiques, aux montagnes alentours luxuriantes et à la douceur de vivre envoûtante. C'est une étape aux mille activités. Prenez de la hauteur au temple Wat Phrathat perché sur la colline après avoir gravi des centaines de marches comme dans le film *Kung Fu Panda*. Flânez dans son *night market* animé et apprenez à cuisiner thaï en famille. Faites une balade à dos d'éléphant dans la jungle et prenez le bain avec eux dans la rivière. Enfin, partez à l'aventure loin des sentiers battus, en 4x4 ou en randonnée facile, à la découverte des rizières et des villages perdus dans la montagne.

Un petit goût de terre inconnue

Voir carnet pratique p. 137.

Vos kids vont aimer

- Traverser le fleuve Chayo Praya en bateau-taxi pour visiter le Wat Arun (Bangkok).
- Faire des offrandes à l'impressionnant Bouddha couché de 46 mètres au Wat Pho (Bangkok).
- Voguer au milieu du marché flottant de Damnoen Saduak, coloré et populaire (Bangkok).
- Passer une journée au milieu des éléphants au Thai Elephant Home (Chiang Mai).
- S'entraîner comme un ninja en grimpant les marches vers le Wat Phrathat perché sur la colline (Chiang Mai).
- Jouer aux aventuriers dans la jungle en 4x4 (Chiang Mai).
- Grignoter brochettes de viande, bananes-gaufres ou même sauterelles grillées dans la rue.

11 h 15

35 €/j

2 semaines

+ 6 h (hiver)
+ 5 h (été)

Mi-nov.-mi-fév.

Thaïlande

Immersion au Royaume du sourire

Cambodge

Temples d'Angkor, rizières luxuriantes, sourire inégalé des locaux et plages bordées de cocotiers… Bienvenue dans une Asie authentique et traditionnelle à souhait !

Beaucoup viennent au Cambodge pour les temples d'Angkor et ils ont raison : des immenses visages taillés dans la roche du temple Bayon aux racines tentaculaires qui recouvrent les ruines de Ta Prohm, vous allez adorer ce voyage dans le temps.

Mais le Cambodge a également d'autres merveilles à offrir aux aventuriers en herbe. Les paysages des campagnes sont sublimes et la vie locale reste très traditionnelle.

Un vrai retour aux sources !

À vélo dans les petits villages, vous profitez des rizières avec lenteur et passez du temps avec les habitants, pour comprendre comment ils cultivent le riz et le sucre de palme. En bateau sur le lac Tonlé Sap, vous vous baladez entre les villages authentiques sur pilotis et les marchés flottants. Sur la rivière Tatai bordée de cocotiers, vous vivez avec les pêcheurs et partez à la découverte des cascades ainsi que de la végétation luxuriante. Dans la région de Mondolkiri, vous faites des petites randonnées dans la jungle et rencontrez des éléphants.

Côté farniente, il y a aussi des plages à l'eau turquoise comme Otres Beach, située sur la plus belle partie du littoral, et des îles comme Koh Ta Kiev pour jouer aux Robinsons dans un bungalow sur la plage déserte.

Voir carnet pratique p. 137.

Vos kids vont aimer

- Se promener à dos d'éléphant à Angkor Vat et admirer le coucher du soleil.
- Jouer aux aventuriers perdus au milieu des racines gigantesques du temple Ta Prohm d'Angkor.
- Passer une journée sur le lac Tonlé Sap entre les marchés flottants et les villages sur pilotis.
- Se balader en tuk-tuk, en cyclo-pousse et à vélo.
- Approcher les éléphants à l'Elephant Valley Project de Mondulkiri.
- Se baigner dans l'incroyable lac du cratère de Boeng Yeak Lom.
- Dormir dans une maison sur pilotis sur la rivière Tatai et partir en kayak à la découverte des cascades.
- Jouer aux Robinsons sur la plage déserte de Koh Ta Kiev.

15 h

36 €/j

2 semaines

+ 6 h (hiver)
+ 5 h (été)

Nov.-mars

Cambodge

Perle authentique de l'Asie du Sud-Est

Japon

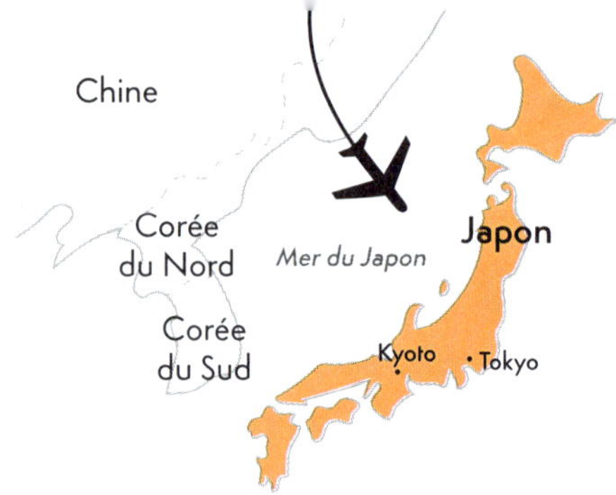

Du bouillonnement de Tokyo à la sérénité des Alpes japonaises, en passant par le raffinement de Kyoto, le Japon vous emmène sur une autre planète qui nourrira l'imaginaire de toute la famille.

Un parc d'attractions entier de jeux électroniques au Tokyo Joypolis, des tenues vestimentaires façon mangas et *Hello Kitty*, des restaurants pour manger au milieu des robots ou des ninjas, des Kit Kat aromatisés au wasabi, un musée pour vivre une journée avec Princesse Mononoké et Totoro, des sanctuaires hors du temps comme celui de Meiji-Jingu... Bienvenue à Tokyo l'unique !

Les grands retrouveront leur âme d'enfant et les enfants... aussi !

Vos kids vont aimer

- Se faire accueillir par Totoro dans l'antre du dessin animé japonais au musée Ghibli (Tokyo).
- Troquer la marche contre le métro aérien sans conducteur pour traverser Tokyo.
- Manger au restaurant à thème des Ninjas (Tokyo).
- Tester le simulateur de circuit Gran Turismo ou les karts hybrides au showroom de Toyota (Tokyo).
- Observer les danseurs de rockabilly aux looks déjantés au parc Yoyogi (Tokyo).
- Se baigner en extérieur dans les bains chauds thermaux du Oedo Onsen.
- S'amuser en enfilant le kimono traditionnel (Tokyo).
- Dormir sur les tatamis dans les ryokans comme les héros de leurs mangas préférés.
- Se régaler de brochettes yakitori, de crêpes omelettes fourrées, de beignets et de sushis.

Après cette démesure, il est bon de retrouver le calme des Alpes japonaises. À Takayama, faites l'expérience des ryokans et des onsens, ces auberges et ces bains thermaux traditionnels. Ici, vous profitez de la douce vie locale, des marchés, des jolies maisons typiques en bois, des balades dans la campagne, et de la délicieuse viande locale de Hida à faire griller sur des charbons de bois.

Puis direction Kyoto, capitale historique et pleine de grâce. Quel bonheur de faire une dernière cure de zen au temple Ginkaku-ji entouré de verdure et au temple Ryoan-ji avec son jardin sec ratissé par les moines ! Vous rencontrez aussi les magnifiques geishas qui se baladent en kimono coloré dans le quartier pittoresque de Gion et vous faites le plein de thé chez Ippodo avant votre vol retour. Histoire de garder longtemps en bouche ce petit goût d'ailleurs.

Voir carnet pratique p. 137.

12 h 45

75 €/j

2 semaines

+ 8 h (été)
+ 7 h (hiver)

Printemps, automne

Japon

Allô la Terre ? Ici le Japon !

VOYAGE FAMILY

PAS LOIN, PAS LONGTEMPS

Slovénie

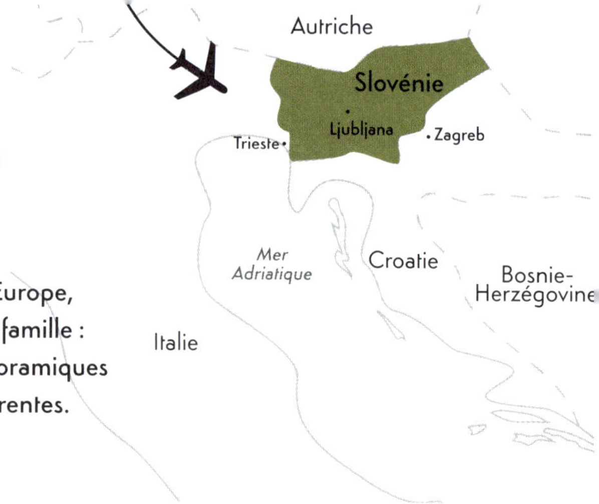

La Slovénie a beau être un des plus petits pays d'Europe, elle offre une multitude de trésors à découvrir en famille : une douce capitale, de jolis lacs, des alpages panoramiques et une côte adriatique aux eaux bleues et transparentes.

Laissez-vous surprendre par ce pays encore méconnu. Vous commencez par la capitale, Ljubljana, où vous êtes charmés par ses monuments colorés, son centre piétonnier en bord de rivière, ses terrasses de café, son sympathique parc Tivoli, et le château médiéval qui domine la ville.

Direction ensuite les Alpes juliennes. Vous prenez un grand bol de nature autour du lac de Bohinj, sauvage à souhait et magnifique avec sa jolie cascade, ou du lac de Bled, insolite avec son île et son château perché. Les baignades sont de rigueur dans les deux, même si les sources chaudes qui alimentent le second enchantent les plus frileux. D'autres balades sont à faire dans les alpages du parc du Triglav ou dans les hautes gorges de Vintgar, impressionnantes mais faciles avec les enfants.

Puis, vous mettez le cap au sud où les vignes et les influences italiennes vous plongent dans une tout autre ambiance. Dans la région de Karst, vous découvrez l'incroyable grotte de Skocjan, le plus gros canyon souterrain du monde et ses rivières englouties. Vous visitez également le château de Predjama, sculpté dans la montagne.

Enfin, vous terminez sur la côte en profitant de la belle ville de Piran et de son ambiance latine. La mer et les glaces, quoi de mieux pour clôturer ce séjour ?

Voir carnet pratique p. 138.

Laissez-vous surprendre en beauté !

2 h

70€/j

10 jours

Pas de décalage horaire

Été

Slovénie

Vos kids vont aimer

- Se balader à vélo dans le centre de Ljubljana et rejoindre le parc Tivoli avec ses aires de jeux.
- Se baigner dans les eaux à 25 °C du lac de Bled.
- Passer une journée dans le haras de Lipica et découvrir le dressage de ces chevaux blancs.
- Traverser une passerelle à 50 mètres de hauteur dans la grotte de Skocjan et examiner les protéus, ces petits animaux préhistoriques.
- S'émerveiller devant le château de Predjama construit à flanc de falaise.
- Visiter la grotte de Postojna dans un petit train.
- Faire du rafting dès 6 ans dans le parc du Triglav, et revenir au point de départ en auto-train.

Une merveille nichée au cœur de l'Europe

Cinque Terre

Cinq villages de pêcheurs à côté de Gênes où l'on accède à pied, en train ou en bateau. Cinq petites haltes pour faire le plein d'Italie en famille, face à la mer.

Les Cinque Terre sont cinq petits villages accrochés à flanc de colline, dominant la mer. Leurs charmes sont multiples : les maisons sont colorées, les ruelles escarpées et piétonnes forment de parfaits labyrinthes pour les enfants, les jolies barques donnent envie de prendre le large, les chemins de randonnée offrent des balcons magiques sur une mer à perte de vue, sans oublier les bouts de plages, ici et là, qui invitent à la baignade. Il y a une dernière spécificité qui confère à cette destination un aspect ludique et dépaysant : on peut rejoindre ces cinq villages à pied, en bateau ou en train, et on peut alterner les trois à sa guise.

N'oubliez pas de vous arrêter au joli square de Manarola et d'assister à la mise à l'eau des bateaux suspendus par des cordes, de vous baigner près des rochers de Corniglia et sur la plage de Monterosso ou encore d'emprunter les sentiers dans les vignes au-dessus de Vernazza et Riomaggiore. Si les petits et les grands ont un coup de fatigue, une bonne pizza et une *gelato*, et tout le monde repart avec le sourire !

Voir carnet pratique p. 138.

Ah, l'Italie...

Votre programme sera de faire tranquillement des sauts de puce de village en village avec, en toile de fond, le bleu de l'eau, le vert des oliviers et le jaune des citronniers.

1 h 30

75 €/j

5 jours

Pas de décalage horaire

Avr.-oct.

Italie

Vos kids vont aimer

- Choisir entre le train et le bateau pour aller de village en village, sans jamais prendre la voiture.
- Courir dans le dédale de ruelles à la recherche de passages secrets.
- Se régaler d'une énorme pizza ou de pâtes bolognaise.
- Faire de la balançoire en dominant la mer dans le square de Manarola.
- Se baigner sur la plage de Monterosso.
- Observer des bernard-l'hermite sur les rochers de Corniglia, les pieds dans l'eau.
- Admirer les marins faire des manœuvres à toute vitesse pour accoster dans les petits ports étroits.
- Grimper en haut de la tour de Vernazza par un escalier très serré.

Petits villages perdus, face à la mer

Marrakech et Essaouira

On vient au Maroc pour l'art de vivre, la gaieté et l'accueil de ses habitants et les paysages sublimes, mais aussi pour toutes les activités dépaysantes à partager en famille.

Le Maroc est une malle aux trésors dont tous les recoins valent le détour. Si vous cherchez une destination facile et pas loin pour vous dépayser et vous reposer en famille, envolez-vous pour Marrakech et faites un tour à Essaouira, sur la côte. L'art de vivre local est un bonheur. La gastronomie, faite de tajine, de couscous, de pâtisseries et de thé à la menthe, se déguste assis par terre sur des coussins pour plus de convivialité. Les Marocains ont le sens de l'accueil et il y a toujours beaucoup d'activités sympas à faire avec les enfants.

À Marrakech tout d'abord, vous flânez dans la Médina, les souks, les palais et les jardins. Il y a celui de Majorelle avec sa couleur bleue unique, ses cactus et ses nénuphars ; ou celui de la Ménara, avec ses oliveraies et son bassin gorgé de poissons. Le soir, vous vous mêlez aux diseuses de bonnes aventures, aux charmeurs de serpents et aux musiciens sur la très animée place Jemaa el-Fna, face à la Koutoubia.

Une malle aux trésors dont tous les recoins valent le détour !

3 h

50 €/j

6 jours

– 1 h

Printemps, automne

Maroc

À Essaouira, vous profitez d'une petite ville de pêcheurs face à la mer pour déambuler dans les souks, plus tranquilles qu'à Marrakech, ou sur les remparts et le port, là où les pêcheurs vous présentent leurs poissons avant de les griller devant vous. Passez également du temps sur la grande plage et essayez-vous aux balades à dromadaire, aux cours de kitesurf, aux châteaux de sable… Ambiance cool et bohème garantie.

Voir carnet pratique p. 138.

Vos kids vont aimer

- Acheter des babouches de toutes les couleurs dans les souks (Marrakech, Essaouira).
- Se faire tatouer le bras pour de vrai (au henné rouge qui ne reste qu'une semaine !).
- Faire le tour des remparts de Marrakech en calèche.
- Se baigner dans les piscines des jolis riads.
- Manger des pâtisseries orientales, assis par terre.
- Faire une balade à dos de dromadaire sur la plage d'Essaouira.
- Jouer à cache-cache au milieu des plantes du jardin de Majorelle (Marrakech).
- Assister au grand marché des dromadaires de Had Draa le dimanche matin (à côté d'Essaouira).
- Observer les charmeurs de serpents et les musiciens de la place Jemaa el-Fna (Marrakech).

Entre dépaysement et douceur de vivre

Occitanie

Randonner avec un âne est une manière ludique de découvrir les régions de France. Le Tarn, avec ses rivières pour se baigner et ses châteaux médiévaux pour rêver, est une destination parfaite pour commencer une telle aventure avec des enfants.

Bonne nouvelle : en randonnée à dos d'âne, vous vous coupez enfin de la frénésie du quotidien et profitez, à votre rythme, des paysages qui vous entourent et des petits plaisirs de la vie.

Bonne nouvelle également, vous ne gérez plus les coups de fatigue habituels pendant les balades puisque vos enfants peuvent monter sur le dos de l'animal quand ça leur chante. Terminé, enfin, les « j'en ai assez » car, au-delà de la marche, ils sont heureux de s'occuper de leur nouveau compagnon : le brosser, lui donner à boire et à manger, s'assurer qu'il soit heureux, mais aussi le gérer quand il devient têtu… en voilà des tâches qui vont les amuser !

Vos kids vont aimer

- Grimper sur le dos de l'âne quand la fatigue se fait sentir.
- S'occuper d'un âne, le brosser, lui donner à manger.
- Faire trempette dans la Vère et l'Aveyron pour des pauses bien méritées.
- S'amuser à apprendre des mots d'occitan, à la fois si proches et si éloignés du français.
- Assister à des fêtes médiévales dans les châteaux avec les cracheurs de feu, les dompteurs d'aigles et les défilés en costume.
- Avoir le vertige du haut du château de Penne situé au bord d'un piton rocheux.
- Goûter les fromages des fermes du coin ainsi que la croustade aux pommes pour le dessert.

Des racines occitanes dépaysantes

Vous avez la monture de votre prochain voyage, reste à choisir la destination. Si de nombreuses régions de France proposent ce type d'expérience, il en est une qui ravira les plus petits comme les plus grands : l'Occitanie ! Vous aurez souvent beau temps et des températures clémentes pour randonner en toute facilité, et ses racines occitanes sont un enchantement. À vous la rivière de la Vère pour de nombreuses baignades ; à vous les gorges de l'Aveyron pour en prendre plein les yeux dans une nature XXL ; à vous, enfin, les plus beaux villages de France comme Bruniquel, Larroque et Puycelsi, et les nombreux châteaux médiévaux. Ils permettront aux enfants de passer aisément du rôle de berger à celui de chevalier – à dos d'âne, bien entendu !

Voir carnet pratique p. 138.

4 h

80 €/j

4 jours

Avr.-oct.

France

Auprès de mon âne, qu'il fait bon dormir...

Sicile et îles Éoliennes

Pour partir à la découverte des derniers volcans en activité d'Europe en profitant d'îles qui sentent bon l'Italie, d'une mer chaude et de plages de sable noir.

Vous commencez ce séjour en Sicile en admirant l'Etna, le plus haut volcan d'Europe qui culmine à 3 300 m. d'altitude. Sans forcément le gravir (ce qui est possible en téléphérique puis en 4x4), vous préférez de jolies balades à ses pieds au milieu des citronniers, des vignes et des coulées de lave solidifiée.

Vous emmenez ensuite vos apprentis volcanologues dans les Éoliennes, sur l'île de Vulcano. Après une petite randonnée facile jusqu'au sommet du volcan, vous observez les premiers phénomènes volcaniques en vous approchant des fumerolles à l'odeur de soufre, le tout avec une vue à 360° sur l'archipel. En redescendant, vous vous baignez dans les piscines naturelles de boue chaude (fous rires garantis), avant de profiter de la plage et de la mer.

Puis, direction Stromboli, l'île au volcan qui crache des jets de magma plusieurs fois par heure. Vous serez ébahis en regardant le spectacle des explosions de lave rouge fluo depuis la mer. Les deux adorables villages de l'île, ainsi que les grottes et les criques à découvrir en bateau, finissent d'en faire une étape coup de cœur.

2 h 25

65 €/j

1 semaine

Pas de décalage horaire

Avr.-oct.

Italie

Un mix vraiment magique entre volcans et mer

Au total, ce sont donc bien trois volcans foulés et dix fois plus de baignades réalisées en seulement quelques jours ! Si vous avez plus de temps, continuez avec d'autres îles comme Lipari, Panarea (avec ses voitures électriques) et Salina (plus sauvage).

Voir carnet pratique p. 139.

Vos kids vont aimer

- Entendre les grondements de la Terre et voir les explosions de magma au pied du Stromboli.
- Approcher trois volcans différents et devenir incollables sur les phénomènes volcaniques.
- Profiter des plages de sable noir et d'une eau turquoise (îles de Vulcano, Lipari et Salina).
- Prendre des bateaux pour partir à la découverte de grottes, de criques secrètes et de plages inaccessibles (îles de Stromboli et Salina).
- Louer une Méhari pour faire le tour de Lipari, cheveux au vent.
- Patauger dans la boue chaude des bassins naturels de Vulcano.
- Grimper en haut de Taormina en téléphérique pour embrasser toute la baie de Naxos des yeux, puis redescendre en courant dans les ruelles escarpées avec l'Etna en toile de fond.
- Reprendre des forces avec des énormes pizzas, toutes meilleures les unes que les autres.

Des volcans, des îles authentiques... et l'Italie

Andalousie

Si vous recherchez une destination de soleil, de gaieté et de culture, l'Andalousie vous tend les bras. Attendez-vous à chanter et à danser au son du flamenco sous les beaux orangers !

Bienvenue à Séville, la belle andalouse. Les ruelles pavées, les patios fleuris et les places bordées d'orangers du quartier de Santa Cruz sont un bonheur avec les enfants. Les parties de cache-cache dans les somptueux jardins et labyrinthes du palais de l'Alcazar, et la balade à vélo dans le parc ombragé de María Luisa ou le long du fleuve Guadalquivir valent également le détour. Le soir, profitez en famille, et au milieu des locaux de toutes générations, de la douceur retrouvée en laissant le temps s'écouler.

Vous partez ensuite à la découverte des Pueblos Blancos, ces villages blancs perchés qui dominent la campagne et les vergers comme Setenil de las Bodegas et ses rues troglodytes (mais il y en a tant d'autres). Cette route vous conduit à Ronda, son magnifique centre pavé, son atmosphère culturelle et joyeuse, son pont haut de 100 mètres qui embrasse les vignobles, mais également ses jolies arènes. Que l'on aime ou non la tauromachie, elles valent le détour et permettent de mieux comprendre l'importance de cette tradition en Espagne.

Laisser le temps s'écouler...

Un stop par le canyon d'El Choro pour vous initier à l'escalade ou faire du canoë, et vous terminez en beauté par l'Alhambra, à Grenade. Il s'agit d'une cité fortifiée embellie au fil du temps par les Arabes qui en firent une merveille aux jardins enchanteurs où vos enfants vont aimer courir de bassin en bassin. Olé !

Voir carnet pratique p. 139.

Vos kids vont aimer

- Louer un vélo pour se balader dans le parc Maria Luisa et sur la jolie plaza de España (Séville).
- Découvrir la tauromachie au musée des Arènes de Ronda.
- Vivre à l'heure espagnole, manger des tapas et des churros au chocolat dans une ambiance festive.
- Prendre un cours de flamenco avec les parents.
- Pour les plus grands, parcourir la *via ferrata* du canyon d'El Choro.
- Se prendre pour un Schtroumpf à Juzcar, un Pueblo Blanco peint entièrement en bleu pour le tournage du film.
- Se perdre dans le dédale de l'Alhambra (Grenade)
- Suivre la visite spéciale et l'atelier « enfants » du musée Picasso (Malaga).

2 h 30

65 €/j

6 jours

Pas de décalage horaire

Avr.-juin et sept.-oct.

Espagne

Pays de soleil, d'orangers et de flamenco

Lacs italiens

Des lacs au milieu des montagnes, des îles au milieu des lacs, des jardins luxuriants sur les îles et des villas somptueuses et romantiques sur les rivages… voici une escapade à la fois *dolce vita* et ludique dans un cadre unique.

La région des grands lacs italiens regroupe trois pôles à combiner selon ses envies : le lac Majeur, le lac de Côme et le lac de Garde. Des lieux parfaits pour faire une pause en famille, se balader en bateau, se baigner sous le soleil de l'Italie, découvrir de charmants villages de pêcheurs, rêver devant de vieilles demeures, profiter de la nature et des points de vue depuis les montagnes environnantes, mais aussi faire le plein de la gastronomie italienne qui rend la vie si belle !

Une Italie romantique à souhait !

Vos kids vont aimer

- Pique-niquer et se baigner sur les bords des lacs.
- Courir dans les magnifiques jardins colorés des îles Borromées à la recherche des paons qui paradent.
- Prendre le funiculaire d'Orta jusqu'au Mont Mottarone pour y faire de la luge d'été en surplombant le lac Majeur.
- Rentrer dans les enclos de tous les animaux de la Villa Pallavicino à la Stresa (lac Majeur).
- Visiter les jolies caves d'affinage de Grana Padano de la fromagerie Luigi Guffanti à Stresa.
- Prendre les navettes fluviales pour traverser le lac de Côme et visiter les villages de l'autre rive.
- Visiter le château médiéval de Varenna qui surplombe le lac de Côme et assister à un spectacle de rapaces.

Sur le lac Majeur, vous accostez en bateau sur les îles Borromées. Tout d'abord sur Isola Madre, avec son magnifique jardin botanique et ses paons colorés. Puis sur Isola Bella, pour en prendre plein la vue dans les somptueux jardins du palais Borromée avec ses coquillages géants. Et enfin, sur Isola dei Pescatori, pour déguster de bons poissons frais.

Le lac de Côme vous transporte dans une tout autre ambiance. Les enfants peuvent essayer de retrouver, parmi les somptueuses villas, celle qui a servi au tournage de *Casino Royal* de James Bond. Vous flânez dans les rues piétonnes de Côme, dans le jardin de la villa Carlotta et profitez des restaurants et des jardins de Bellagio. Quel bonheur !

Enfin, à partir du lac de Garde, direction Vérone, pour initier les enfants à l'amour selon Shakespeare avec sa tendre Juliette, ou partez à travers les vignes, les citronniers et les oliviers qui bordent ses rives. Amour, romantisme et gastronomie : voici un beau concentré d'Italie !

Voir carnet pratique p. 139.

1 h 30

80 €/j

2-3 jours par lac

Pas de décalage horaire

Printemps, automne

Italie

Douceur de vivre à l'italienne

Connemara

À l'ouest de l'Irlande, le Connemara est une destination parfaite pour faire un break en famille. Une région de lacs, de plages, de landes et d'îles sauvages qui offre des dizaines d'activités conviviales à partager avec les enfants.

Commencez par louer un joli cottage dans les environs de Clifden (ouest). Le soir, vous restez jouer au coin du feu ou profitez des pubs familiaux du village pour manger un *stew* ou un *fish and chips* en écoutant de la musique folk et en faisant connaissance avec les gens du coin. La chaleur irlandaise vous envoûte déjà.

La journée, les activités se suivent mais ne se ressemblent pas. Vous empruntez la Sky Road, l'une des plus belles routes d'Irlande, qui surplombe la côte en direction de l'abbaye de Kylemore : construite en bord de lac, vos enfants vont adorer courir dans ses magnifiques jardins victoriens. Vous faites ensuite une partie de pêche ou une petite croisière sur le fjord de Killary Harbour.

Le lendemain, vous choisissez une randonnée facile dans le parc national du Connemara au milieu des moutons, ou un tour en kayak sur l'un des lacs de la région. Un autre jour, vous vous baladez sur les plages de sable blanc près de Ballyconneely et visitez une fumerie de saumon en activité. Enfin, vous attendez que la mer soit basse pour rejoindre l'île d'Omey, un petit bout de terre paradisiaque.
Ensuite, direction les îles d'Aran avec leurs impressionnantes falaises battues par l'océan, leurs petites chaumières typiques et les murets qui courent le long de paysages sublimes.

Voir carnet pratique p. 139.

La nature s'y déploie avec une force inoubliable

2 h

60 €/j

1 semaine

– 1 h

Mai–juin

Irlande

Vos kids vont aimer

- Faire du kayak et du paddle sur l'un des nombreux lacs du Connemara.
- À vélo, suivre les murets qui quadrillent les collines des îles d'Aran et se donner le vertige du haut des falaises.
- Faire connaissance avec les phoques d'Inishmore (îles d'Aran).
- Faire une balade à cheval sur les plages autour de Clifden ou sur l'île d'Omey.
- Assister aux courses hippiques sur la plage d'Omey en juillet.
- Pour les moins frileux, se baigner depuis les plages paradisiaques de sable blanc de la côte.
- Perfectionner leur swing au golf amateur de Clifden.
- Dans certains pubs, avoir le droit de manger comme les grands, en écoutant de la musique.

Une île couleur émeraude à l'esprit chaleureux

Copenhague

Une ville qui a pour emblème une petite sirène, qui possède un parc d'attractions en plein centre-ville, et qui offre les joies de la plage à deux pas, est forcément un city-trip de rêve en famille !

Une capitale aussi accueillante et ludique pour les enfants, c'est rare ! À Copenhague, même les transports sont facilités : toutes les familles se déplacent à vélo sur de larges pistes cyclables qui quadrillent la ville. Les enfants sont tranquillement installés dans la carriole pour regarder le paysage défiler.

Le bien-être au quotidien est d'ailleurs une philosophie de vie : le Danemark se situe parmi les pays les plus heureux du monde, et ça se sent ! Les gens sont bienveillants et souriants. Les musées, lieux publics et restaurants sont équipés pour recevoir au mieux les petits.

Mais surtout, Copenhague regorge d'activités amusantes à faire en famille. Vous pourrez profiter tranquillement des nombreux espaces verts et des balades au bord des canaux avant d'aller vous amuser à Tivoli, le parc d'attractions féerique situé en plein centre-ville.

Le bien-être au quotidien comme philosophie de vie

2 h

90 €/j

3 jours

Pas de décalage horaire

Mai–août

Danemark

Vous pourrez également assister à la relève de la garde royale devant le château d'Amalienborg avant de filer à la boutique Lego car les petites briques sont nées ici. Vous pourrez expérimenter la vie de viking au musée des enfants du Musée national et même aller à la plage située seulement à huit stations de métro. On pourrait passer longtemps à Copenhague en famille et même, pourquoi pas, y vivre !

Voir carnet pratique p. 139.

Vos kids vont aimer

- Se laisser transporter dans la carriole du vélo des parents pour arpenter la ville.
- Essayer une à une toutes les attractions du parc Tivoli et fabriquer eux-mêmes leur nounours à la boutique Build a Bear.
- Se faire prendre en photo avec la garde royale du palais d'Amalienborg.
- Profiter de la vie animée autour des canaux comme celui de Nyhavn ou de Christianshavn.
- Expérimenter tous les ateliers pour enfants sur la vie danoise du Musée national, et notamment celui sur les vikings.
- Se baigner dans le canal à Havnebadet Islands Brygge ou partir se balader au bord de la mer à Amager.
- Avoir les yeux plus gros que le ventre au laboratoire de bonbons Sømods Bolcher.
- Choisir leur plat parmi tous les *food trucks* du Boltens Gård et manger en regardant passer les bateaux.

La capitale mondiale du bonheur

SR336

VOYAGE FAMILY

TOUS À L'EAU

Les Cyclades

Les Cyclades, c'est la Grèce comme on l'imagine : des maisons blanches aux volets bleus, une mer transparente, des petits villages authentiques accrochés à flanc de montagne, des balades au milieu des oliveraies, et des baignades interminables.

Si vous avez besoin de soleil, de la mer à perte de vue et d'une eau turquoise pour recharger vos batteries, les îles des Cyclades seront votre paradis sur Terre. Les journées sont rythmées par la découverte de jolis villages typiques le matin, par les balades en bateau et les baignades dans de petites criques l'après-midi, par les randonnées à dos d'âne, par l'accueil des pêcheurs ravis de vous montrer la pêche du jour, mais aussi par des couchers de soleil grandioses.

Des vacances qui donnent envie de ralentir le rythme, même pour les plus suractifs !

Le plus dur, ce sera de choisir parmi les 24 îles de l'archipel. Il y a Paros par exemple, célèbre pour les jolies plages, les oliveraies, les vignobles, et le village animé de Naoussa. Il y a aussi Naxos, parfois présentée comme la plus belle île des Cyclades, ou Milos, avec ses paysages lunaires et ses roches en camaïeux de rouge, d'orange et de blanc. Enfin, il y a Sifnos, déroulant ses collines valonnées, ses baies échancrées et ses villages éclatants. Avec ces quatre étapes, vous aurez déjà un bon aperçu de l'ambiance de ces îles magiques.

Voir carnet pratique p. 140.

3 h 30 (pour Athènes)

60 €/j

1 semaine (2 îles)

+1 h

Printemps, été

Grèce

Vos kids vont aimer

- Passer d'île en île en ferry et profiter de la vue depuis les pontons extérieurs.
- Observer les pêcheurs ramener leurs trésors dans les petits ports authentiques et animés.
- Enfiler palmes, masque et tuba pour observer les poissons pendant des heures.
- Aller voir les moulins à vent d'Artémonas (Sifnos).
- Profiter des eaux calmes de la baie de Moutsouna (Naxos).
- Nager dans les eaux limpides d'Aliki (Paros).
- Randonner sur le sentier byzantin de Paros et ramasser des olives sur la route.
- Partir une journée en pleine nature à Antiparos et visiter la grotte.

Un rêve qui se vit d'île en île

Lisbonne et le Sud

De la capitale Lisbonne, bohème à souhait, aux falaises et aux plages désertes, le sud-ouest du Portugal offre un mix parfait pour les amoureux de nature et d'atmosphères paisibles.

Avant de filer prendre un grand bol d'air océanique dans le Sud-Ouest du Portugal, profitez-en pour passer quelques jours dans l'attachante Lisbonne. Les enfants vont adorer emprunter les vieux trams qui serpentent entre les ruelles étroites et les collines dignes des montagnes russes. Ils vont aussi aimer flâner de graffiti en graffiti dans le quartier de l'Alfama, marcher au bord du Tage jusqu'à la tour de Belém et rêver aux grands explorateurs qui partirent d'ici. Les haltes pour boire un verre au soleil et manger la pâtisserie locale, le *pastel de nata*, fleurent définitivement bon les vacances.

Un détour par les châteaux de Sintra dignes de contes chevaleresques et vous mettez le cap vers le sud : direction Le Parc naturel du sud-ouest de l'Alentejo et la Côte vicentine (à l'ouest de l'Algarve). Vous allez y découvrir une côte sauvage et déserte où se mêlent tour à tour des falaises escarpées, des plages et des dunes sublimes, des paysages de garrigue, des forêts d'eucalyptus, et des villages tranquilles comme Arrifana, Carrapateira et Sagres.

2 h 30

55 €/j

1 semaine

– 1 h

Toutes sauf l'hiver

Portugal

Un air de bout du monde

À chaque étape, vous aurez de nombreuses activités à faire : cerf-volant sur les plus belles plages de la région comme Amado, cours de surf pour les plus grands, baignade dans les pataugeoires naturelles à marée basse pour les petits, vélo ou cheval sur les nombreux sentiers côtiers, découverte des falaises grandioses de la « fin de l'Europe ». Ici, c'est le bout d'un continent, mais cela ressemble à un bout du monde.

Voir carnet pratique p. 140.

Vos kids vont aimer

- Prendre les vieux tramways colorés qui serpentent sur les collines de Lisbonne.
- Courir dans les jardins du Palais de Pena à Sintra.
- Voir les dauphins sauter autour du ferry de Setúbal pour rejoindre la plage de Comporta.
- Faire des balades à cheval et du cerf-volant sur les plages de Comporta (Alentejo) et de la côte ouest de l'Algarve.
- Se promener à pied ou à vélo sur les sentiers côtiers de la Côte vicentine.
- Se baigner dans la rivière qui débouche sur la plage de Bordeira (Algarve).
- Visiter Sagres, sa forteresse, et les magnifiques falaises du cap Saint-Vincent (Algarve).

Des plages sauvages à perte de vue

Corse

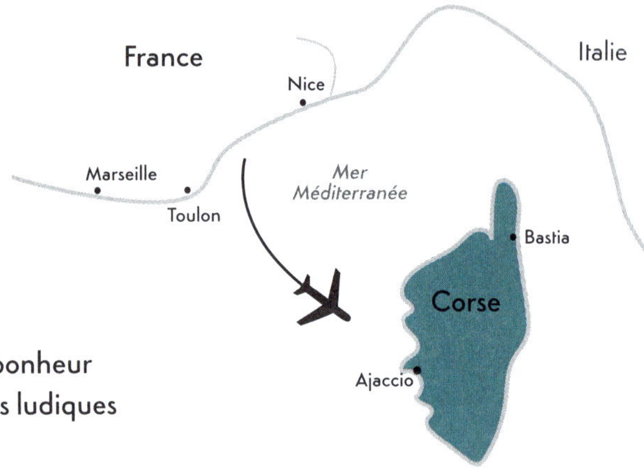

Ici, la montagne côtoie la mer et l'on passe avec bonheur des baignades sur des plages de rêve aux activités ludiques dans une nature « whaou ».

La plupart des familles viennent en Corse pour profiter des joies de la mer. Et pour cause : le temps est toujours au beau fixe, l'eau, transparente et chaude, convient aux plus frileux, et les jolies plages sont tellement nombreuses que vous pouvez en changer tous les jours. Le midi, les pique-niques à base de coppa et de gâteaux au brocciu (charcuterie et fromages locaux) enchantent tout le monde.

Si vous aimez varier les plaisirs, choisissez la région d'Ajaccio. Vous pourrez profiter du littoral à Campomoro par exemple, un village tranquille situé au bout d'une longue route sinueuse, mais également de toutes les plages paradisiaques du golfe d'Ajaccio, de Cupabia aux criques de sable blanc de Capu di Muru. Le comble du bonheur ? S'y balader en kayak pour s'imprégner de leur beauté.

Un vrai paradis

Vous pourrez également sillonner, non loin de là, la magnifique région de l'Alta Rocca et ses villages typiquement corses. Dans une ambiance très alpine, vous découvrirez le plateau du Coscione, les majestueuses aiguilles de Bavella, ou encore la forêt de l'Ospedale avec ses pins uniques et son lac. Ce sont des terrains de jeu parfaits pour faire des petites randonnées, vous baigner dans les rivières, faire de l'accrobranche ou du canyoning, et même dormir dans une bergerie. Une immersion dans une Corse authentique qui sent bon le maquis.

Voir carnet pratique p. 140.

Vos kids vont aimer

- Vivre en maillot de bain toute la journée, du petit déjeuner au coucher !
- Passer la journée dans une mer chaude à observer les poissons.
- Faire des balades en kayak à l'assaut de petites criques désertes.
- Se baigner dans les vasques des rivières de la forêt de Vizzavona ou du plateau du Coscione.
- Faire du canyoning dans la Richiusa ou à Bavella.
- Faire de la tyrolienne entre les pins laricio du centre d'accrobranche de l'Ospedale.
- Tester toutes les sortes de charcuteries locales, du lonzu à la coppa.

1 h 35

75 €/j

1 semaine

Pas de décalage horaire

Toutes saisons sauf l'hiver pour la baignade

France

L'île de toutes les beautés

Dalmatie

Une mer chaude couleur turquoise, de l'authenticité, une douceur de vivre et des repas cuits au feu de bois... Voici le programme de votre prochain séjour dans les îles du sud de la Croatie.

La Croatie regorge de petites perles brutes à découvrir. Pour en profiter, le voyage commence à Split et se termine à Dubrovnik, deux jolies cités chargées d'histoire. La vie animée de leurs ruelles piétonnes sont un pur bonheur. Vos enfants pourront courir en toute liberté et manger des glaces en jouant sur les placettes pendant que vous dînerez en profitant de la fraîcheur du soir.

Entre les deux, votre programme consistera à vous laisser porter en passant d'île authentique en île préservée. Quelle excitation de prendre les ferrys pour débarquer sur Mljet, Vis ou Korčula, les plus sauvages de la Dalmatie !

Les journées sont rythmées par les enfants qui pêchent, plongent et font du snorkeling dans une mer translucide à 25 °C. Seules les petites virées dans les criques et les grottes alentours ou les balades à vélo comme dans le parc national de Mljet pourront les sortir de l'eau quelques instants. Et pour que la tribu reprenne des forces, le midi, ce sera boulettes de viande locales et calamars grillés au feu de bois. Voilà des îles où le temps s'est arrêté, pour l'éternité.

Voir carnet pratique p. 140.

Posez vos valises dans des villages où le temps s'est arrêté

2 h 20

60 €/j

1 semaine

Pas de décalage horaire

Mai-oct.

Croatie

Vos kids vont aimer

- Faire le tour des remparts de Dubrovnik en regardant les bateaux.
- Louer une décapotable recouverte de fourrure pour visiter l'île de Mljet.
- Faire le tour du lac de Mljet à vélo et faire des pauses « plongeon ».
- Profiter de Saplunara, une des rares plages de sable de Croatie sur Mljet.
- Arriver par la mer en bateau à la crique de Stiniva sur Vis.
- Se régaler de *cevapcici*, les boulettes de viande en forme de saucisses cuites au feu de bois.
- Pêcher et sauter dans une mer magnifique depuis les plages de béton qui sont légion en Croatie.

Les îles secrètes de la Croatie

Crète

Snorkeling dans une mer turquoise, balades de villages traditionnels en oliveraies, expéditions au fond de grottes et de gorges sublimes : voilà tout votre programme en Crète.

Dès votre arrivée, vous filez dans l'arrière-pays à l'ouest de l'île, près du village d'Axos par exemple. Vous posez vos valises non loin d'une ferme pour prendre des cours de cuisine et percer les secrets du régime crétois, pendant que les enfants s'attellent à la traite des chèvres. Autour, le paysage est sublime et les oliviers vous tendent les bras. Rythmez cette pause nature par l'exploration de la jolie grotte de Sfentoni ainsi que par la visite de la nécropole d'Armeni, et dégustez une glace sur le port coloré et animé de Réthymnon.

Ensuite, direction le sud-ouest, authentique et sauvage. Le plateau d'Askyfou au milieu des Montagnes Blanches ou le village de Skafiá face à la mer, sont parfaits pour sillonner la région. À vous les baignades dans les criques, les parties de pêche, les sorties en kayak, les apéros dans les petits ports comme celui de Loutró, accessible uniquement à pied ou en bateau. À vous également une randonnée dans les célèbres gorges de Samariá, les plus profondes d'Europe. Vous marchez sous les pins, apercevez ici et là les chèvres du pays, et faites des pauses « trempette » dans le ruisseau. Magique !

Le paysage est sublime et les oliviers vous tendent les bras

Vous aimez les grandes plages paradisiaques façon carte postale ? Vous adorerez alors la côte ouest de l'île. Le sable rose, l'eau turquoise et les poissons multicolores de la plage d'Élafonissi et du lagon de Balos vous enchanteront.

Voir carnet pratique p. 141.

3 h 25

60 €/j

1 semaine

+1 h

Mars-nov.

Grèce

Vos kids vont aimer

- Se baigner dans les eaux turquoise du sud et de l'ouest de l'île.
- Faire du kayak et observer les poissons multicolores.
- En prendre plein la vue sur la plage idyllique d'Elafonissi et s'émerveiller de la couleur rosée du sable.
- Passer du temps dans une ferme au milieu des chèvres et des brebis, et déguster leur fromage.
- Tremper les pieds dans la rivière au fond des gorges de Samariá qui s'élèvent jusqu'à 300 mètres de hauteur.
- Avoir la banane en goûtant une *vissinada*, le soda local à la cerise.
- Se faire peur en rentrant dans l'une des 200 tombes de la nécropole d'Armeni avec une lampe torche.

Petites criques, grandes oliveraies et régime crétois

Les Pouilles

La sensation des pieds nus dans le sable, le goût des bons produits locaux, l'odeur des oliviers centenaires, la découverte d'une architecture baroque unique… Viva Italia !

Voyager dans les Pouilles, c'est s'imprégner de tout un art de vivre en famille, comme celui de la détente et du farniente tout d'abord. On vient ici pour profiter des 800 kilomètres de côte de l'Adriatique, de sa mer bleu turquoise, de ses petites criques à croquer qui s'étendent entre les villages d'Otranto et de Santa Maria di Leuca dans le sud, ou de ses jolies plages du Gargano dans le nord.

On vient également ici profiter de l'art du bien manger. Il faut pousser la porte des *masserie* du Salento (ces fermes de plus en plus transformées en hôtel de charme) pour découvrir comment sont fabriqués les produits locaux dont les enfants raffolent. Au menu : pâtes fraîches, mozzarella ou huile d'olive !

On vient ici profiter de l'art des belles choses

La jolie campagne est parsemée de petites villes piétonnes à l'architecture unique. Il y a Lecce par exemple, la Florence du Sud, avec son style baroque unique. Il y a également Alberobello ou Cisternino, avec leurs *trulli*, ces petites maisons de calcaire aux toits coniques typiques de la région (essayez d'en louer une pour y dormir). Il y a Polignano a Mare enfin, une ville à flanc de falaise avec une petite plage adorable pour une balade inoubliable.

Voir carnet pratique p. 141.

Vos kids vont aimer

- Se baigner dans les nombreuses criques notamment celle du Gargano.
- Dormir dans un *trullo* ou dans une *masseria*, une ancienne propriété agricole.
- Déguster des *gelati* sur les places des villages.
- Courir dans les rues piétonnes de la belle Lecce ou Polignano a Mare.
- Découvrir les *sassi*, les maisons troglodytes de la ville médiévale de Matera (région Basilicate).
- Faire un safari au Zoo Safari de Fasano.
- Apprendre à fabriquer les pâtes orechiette dans les *masserie* du Salento.
- Faire une petite randonnée sur le promontoire du Gargano.

2 h 30

70 €/j

1 semaine

Pas de décalage horaire

Mai-oct.

Italie

Du bleu, du blanc et du bonheur

Floride

On pense tout de suite aux belles plages de Floride, à son soleil permanent et à ses parcs d'attractions parmi les plus délirants du monde. Mais on oublie trop souvent, à tort, ses îles perdues et sa faune sauvage où se croisent alligators, tortues et dauphins.

Vous arrivez directement à Miami, et ça tombe bien ! Il fait tellement bon s'y balader à vélo et en roller sous les palmiers le long de la plage animée. Il est également très agréable de découvrir les nombreuses œuvres de street art de la ville et l'architecture Art déco avant de s'installer dans un restaurant pour déguster un bon burger.

Direction, ensuite, un autre paradis : celui des alligators et des tortues dans les Everglades. Vous allez adorer entrer dans leur monde en hydroglisseur ou vous perdre dans les marécages à vélo pour les observer de plus près.

Puis, après une traversée des îles des Keys en empruntant la mythique autoroute qui surplombe la mer, et après de nombreux plongeons dans les eaux turquoise au milieu des dauphins, il sera temps de vous reposer à Sanibel, une île sauvage du golfe du Mexique.

9 h 30

90 €/j

2 semaines

– 6 h

Printemps, été, hiver

États-Unis

Entre nature, démesure et sensations fortes

Le voyage se terminera enfin en apothéose à Orlando, capitale mondiale des parcs d'attractions. Vous allez avoir du mal à choisir entre la féerie de Disney ou d'Harry Potter, les sensations fortes des parcs aquatiques géants, ou la visite du Kennedy Space Center pour découvrir les fusées de la NASA.

Voir carnet pratique p. 141.

Vos kids vont aimer

- Les distances relativement courtes et les plages sublimes à chaque étape.
- Découvrir le street art dans le quartier de Wynwood et se balader en roller au bord de la plage de South Beach Park (Miami).
- Élire leur parc d'attractions préféré à Orlando : Universal Studio ou Disney World ?
- Naviguer en hydroglisseur au milieu des alligators et des tortues dans le parc national des Everglades.
- Nager avec les dauphins dans une eau turquoise à Key Largo.
- Jouer aux Robinsons sur l'île déserte du Cayo Costa State Park au large de Sanibel Island, et ramasser de magnifiques coquillages.
- Guider les parents dans le circuit historique Pelican Path de la jolie petite ville de Key West.

Sous le soleil exactement

Nordeste

Des dunes désertiques entrecoupées de lagunes cristallines, des villages de pêcheurs, des plages parmi les plus belles du monde : le Nordeste est un Brésil doux et ludique, idéal pour les familles.

C'est l'histoire d'une folle aventure qui vous conduira de 4x4 en pirogue, de buggy en luge de sable. Son point de départ ? Le parc de Lençois, un désert de dunes blanches et de lagunes turquoise. Imaginez-vous grimper ces montagnes de sable, les dévaler à toute allure, puis faire un plongeon dans les petites oasis d'eau douce. Traversé par la rivière Preguiças, le parc se visite également en bateau afin de découvrir une mangrove de toute splendeur et des villages de pêcheurs adorables situés entre désert, fleuve et océan.

Le point d'arrivée du voyage, c'est Jericoacoara, paradis cool et sauvage qui abrite l'une des plus belles plages du monde. Avec ses dunes géantes, sa mer et ses lacs, ce village de surfeurs un brin hippie est propice à de multiples activités : balade en buggy, luge de sable, baignade dans les lagunes, kitesurf… Et même contemplation du coucher du soleil depuis la dune Por do Sol avant de déguster de la viande à volonté dans une *churrascaria* typiquement brésilienne.

11 h 30

55 €/j (hors 4x4 avec chauffeur)

10 jours

– 4 h (hiver)
– 5 h (été)

Sept.-mi-déc.

Brésil

Está tudo bem !

Entre ces deux étapes, point de bitume ! Vous longerez des villages traditionnels comme Atins, Tutóia et Tatajuba ainsi que des plages désertes. Vous traverserez des bras de mer, embarquerez le 4x4 sur des barges, franchirez des forêts pour arriver au fond du delta du Parnaíba où vous attendront une pirogue, ainsi que des pêcheurs de crabes, quelques caïmans et des iguanes.

Voir carnet pratique p. 141.

Vos kids vont aimer

- Prendre des cours de surf ou de kitesurf à Jericoacoara et Barra Grande.
- Se baigner dans les piscines naturelles de la plage Barra Grande ou de la lagune translucide Lagoa Azul.
- Mettre le 4x4 sur une barge pour traverser les rivières.
- Dévaler des dunes de 40 mètres en sandboard ou en buggy à Jericoacoara.
- Déguster des langoustes et des frites de manioc assis dans un hamac au-dessus de l'eau.
- Pêcher des piranhas sur la rivière Preguiças.
- Observer les boas lovés sur les branches de la mangrove, et les ibis rouges colorer le ciel (Lençois).
- Apprendre à danser le *forro*, rythme nordestin par excellence.

Le Brésil côté dunes, plages et lagunes

VOYAGE
FAMILY
GRANDEUR
NATURE

Écosse

Des paysages mystérieux composés de falaises, de plages de sable blanc, de châteaux hantés, mais aussi des rencontres improbables avec des hommes en kilt et des vaches aux franges trop longues : bienvenue dans les Highlands !

Bienvenue dans les « hautes terres », la région du nord de l'Écosse à l'atmosphère énigmatique et aux nombreuses légendes dont vous devenez les héros. Vous partez tout d'abord sur les traces de James Bond dans *Skyfall* en parcourant les mêmes paysages lunaires et escarpés que lui autour de Glencoe. Vous faites ensuite un détour par le long viaduc de Glenfinnan qui apparaît dans les films d'Harry Potter pour tenter d'apercevoir le Poulard Express. Puis, vous arpentez sans peur les châteaux d'Inveraray et d'Eilean Donan pour vérifier si les fantômes ont levé le camp. Oserez-vous également ramer sur le Loch Ness pour guetter l'apparition de Nessy ? Si non, louez plutôt un canoë sur le Loch Lomond, le plus beau lac d'Écosse qui n'accueille, lui, que des poissons.

Ensuite, direction les îles Hébrides. Elles possèdent chacune leur personnalité, mais partagent une même beauté sauvage et mystérieuse.

Une terre énigmatique aux nombreuses légendes

2 h

80 €/j

1 semaine

– 1 h

Mai-sept.

Royaume-Uni

Sur l'île de Skye, brute et escarpée, il est difficile de ne pas laisser échapper des « waouh » depuis la route des Cuillin Hills ou du haut des falaises situées au phare de Neist Point. Sur les îles de Harris et Lewis, les plages de sable blanc aux eaux turquoise de Luskentyre et Scarista sont dignes des Caraïbes et invitent aux parties infinies de cerf-volant. Que dire enfin de l'île de Mull avec ses petits ports colorés, ses vaches aux cornes étranges et ses châteaux hantés ?

Voir carnet pratique p. 142.

Vos kids vont aimer

- Caresser les vaches des Highlands sympathiques et poilues.
- Rencontrer des Écossais en kilt et des joueurs de cornemuse.
- Visiter des châteaux ou des ruines perchées qui semblent hantés.
- Embarquer avec la voiture sur les ferrys pour naviguer d'île en île.
- Faire du cerf-volant sur les plages immenses de la côte et des îles.
- Visiter les Black Houses, ces maisons typiques au toit de chaume de l'île de Lewis.
- Se prendre pour Harry Potter devant le Poulard Express qui traverse le viaduc de Glenfinnan.
- Se balader une journée à vélo sur l'île Lisemore et pique-niquer seuls au monde.
- Dormir en camping-car dans de sublimes campings situés sur les plages sauvages d'Arisaig ou de l'île de Skye.

Bout du monde aux légendes envoûtantes

Islande

Avec ses volcans qui fument, ses geysers qui explosent, ses cascades qui grondent et ses glaciers qui avancent, l'Islande offre le plus beau des cadeaux : sentir que notre planète est vivante.

Reykjavik, accueillante et à taille humaine, rassure immédiatement sur la nature kids friendly de cette île polaire et volcanique. Un petit tour au Saga Museum pour se rappeler que les Vikings sont passés par ici avant vous, un autre en bateau pour saluer les baleines et les orques du coin, et votre rendez-vous avec les éléments de ce monde a sonné.

À quelques dizaines de kilomètres de là, les paysages sont magiques. Vous approchez le magnifique geyser Strokkur qui jaillit jusqu'à 30 mètres de hauteur. Vous marchez sur le champ de lave du parc Thingvellir et faites une randonnée à dos de cheval islandais autour de l'impressionnante cascade de Gullfoss et de son canyon.

Vous rejoignez ensuite la route côtière bordée au sud par des volcans, des glaciers et des plages de sable noir. Les falaises de Dyrhólaey avec leurs arches sur la mer permettent d'observer les curieux macareux. La mystérieuse plage de Reynishverfi est quant à elle parfaite pour faire des châteaux de sable gothiques.

Rendez-vous avec les élements de ce monde !

3 h 30

80 €/j

10 jours

– 1 h (hiver)
– 2 h (été)

Été

Islande

Mais surtout, vous allez pouvoir toucher du doigt les glaces éternelles : une petite randonnée dans le parc national de Skaftafell est suffisante pour chatouiller les pieds de l'imposant glacier Vatnajökull ! La balade en bateau au milieu des icebergs bleutés de la lagune glaciaire Jökulsárlón ainsi que les morceaux de glace translucide échoués sur la plage noire juste à côté laisseront, quant à eux, sans voix les plus grands comme les plus petits Vikings.

Voir carnet pratique p. 142.

Vos kids vont aimer

- Se baigner dans les eaux à 39 °C sorties tout droit du centre de la Terre au Blue Lagoon (Keflavík).
- Apercevoir l'énorme bulle turquoise qui se forme avant que le geyser Strokkur n'explose.
- Passer derrière la chute d'eau de l'immense cascade Seljalandsfoss.
- Se balader à dos de cheval islandais, petit et doux à souhait.
- Visionner les images d'une éruption volcanique au Eyjafjallajökull Erupt Center.
- Contempler les icebergs de Jökulsárlón et toucher les morceaux abandonnés sur la plage.
- Découvrir l'histoire des Vikings au Saga Museum avec des bruitages qui mettent dans l'ambiance (Reykjavik).
- S'entraîner à prononcer les noms des volcans Eyjafjallajökull et Sólheimajökull.

La côte sud : voyage au centre de la Terre

Québec

À vous les rencontres avec les caribous, les castors, les ours noirs et les baleines depuis votre cabane au fond des bois. À vous, aussi, les balades en kayak et les légendes sur les Amérindiens autour des feux de camp.

Le Québec, c'est l'idéal pour qui souhaite profiter facilement d'une nature sauvage et de nombreuses activités outdoor amusantes : se baigner dans les cascades du parc national de la Mauricie ou sur le lac Saint-Jean ; faire du canoë jusqu'aux chutes Waber et croiser des castors sur son chemin ; pêcher dans les pourvoiries depuis sa propre cabane nichée au bord d'un lac. Mais aussi profiter des paysages grandioses du fjord du Saguenay pour se balader en kayak avec les enfants.

Une bouffée de grands espaces

Le Québec, c'est aussi un lieu rêvé pour se prendre pour un trappeur en côtoyant des animaux à l'imaginaire fort : bien installés dans les petits chalets en bois des parcs nationaux, vous partagerez la forêt avec les ours noirs. Au zoo de Saint-Félicien, un des plus beaux zoos du monde, c'est au milieu des caribous en semi-liberté que vous passerez la nuit. À Tadoussac, vous rêverez éveillés sur le petit Zodiac qui permet d'approcher les baleines sur le fleuve Saint-Laurent.

Le Québec, c'est enfin, et aussi, la culture amérindienne. Plusieurs parcs nationaux permettent de dormir en tipi aux côtés des Indiens qui se feront une joie de vous raconter les légendes de leur peuple autour du feu de camp.

Voir carnet pratique p. 142.

Vos kids vont aimer

- Dormir dans une pourvoirie et partir en rabaska à la recherche des castors.
- Faire griller des guimauves sur le feu en écoutant les légendes des Amérindiens.
- Pister des caribous dans la forêt.
- Observer les baleines depuis un Zodiac sur le Saint-Laurent.
- Manger des pancakes dégoulinant de sirop d'érable.
- Faire du canoë-camping sur le lac Caribou en Mauricie.
- Survoler le parc national de Mauricie en hydravion.
- Dormir dans un tipi au lac Saint-Jean.

7 h 30

85 €/j

2 semaines

– 6 h

Toutes saisons

Canada

Pour petits et grands trappeurs

Costa Rica

« Pura vida » (vie pure) est l'expression préférée des Costaricains : c'est dire s'ils sont heureux ! Heureux de communier avec une faune et une flore uniques au monde, d'en assurer la protection, mais aussi de les rendre accessibles à tous.

Le Costa Rica, c'est tout d'abord une forêt dense et des animaux omniprésents. Pour en profiter, rien de mieux que d'explorer le parc national de Corcovado avec ses aras rouges et ses nombreux singes, ou le parc de Tortuguero sur la côte Caraïbes. Vous rejoignez ce dernier en bateau en naviguant au milieu d'une jungle impressionnante qui abrite des toucans, des paresseux, des caïmans, mais aussi des tortues qui viennent pondre sur les plages.

Un vrai paradis coupé du monde

Vos kids vont aimer

- Rouler à travers les plantations de bananes, de café et de cacao.
- Traverser des petites rivières en 4x4.
- Prendre un bateau pour rejoindre le village de Tortuguero sur une île sans voiture.
- Faire du rafting version kids friendly au pied du volcan Arenal et au milieu des toucans et des singes hurleurs.
- Croiser des toucans, des tortues, des caïmans, des singes, mais aussi des paresseux et se rendre compte qu'ils sont vraiment… lents.
- Profiter des jolies plages de Cahuita ou de Manuel Antonio entre mer, sable blanc et animaux en tout genre.
- Assister à un rodéo lors des fêtes de village de la région du Guanacaste.
- Prendre des cours de surf sur la côte Pacifique avant de siroter une noix de coco.

Le Costa Rica, c'est également une terre de volcans en activité. S'approcher de l'Arenal permet de tester une foule d'activités tout autour : randonnées sur des ponts suspendus à travers la forêt, baignades dans des sources chaudes naturelles, etc. Les volcans Poás et Rincón de la Vieja permettent quant à eux de s'émerveiller devant des fumerolles à l'odeur sulfureuse et de prendre des bains de boue. Aux alentours, les plantations de cacao et de café sont passionnantes à visiter, et les fêtes de village du Guanacaste sont parfaites pour découvrir les concours de rodéo.

Le Costa Rica, c'est enfin, et encore, des plages sublimes bordées de palmiers. Farniente ou cours de surf depuis les spots sauvages de Santa Teresa et Uvita, ou depuis ceux plus animés de Sámara et Manzanillo, c'est à vous de choisir !

Voir carnet pratique p. 142.

15 h environ

60 €/j

2 semaines

– 7 h (hiver)
– 8 h (été)

Printemps, hiver

Costa Rica

Une nature généreuse à portée de main

Argentine

Des montagnes rouges du Nord aux glaciers bleus du Sud, en passant par les incroyables chutes d'Iguazú : tout est ici plus immense et plus grandiose qu'ailleurs.

En Argentine, il va falloir faire des choix pour limiter les trajets tant le pays est vaste. Envie d'explorer le pays en entier ? Commencez par une petite boucle dans le Nord autour de Salta, au milieu des montagnes rouges de Purmamarca (El Cerro de los 7 Colores) et de Humahuaca (l'Hornocal aux 14 couleurs). Le coup de cœur est assuré même si votre détour par le désert blanc Salinas Grandes et le parc national de Los Cardones tapissé de cactus ne sera pas mal non plus. Pour profiter de la vie locale, faites des haltes dans des petites villes bien sympathiques : la belle Salta avec son architecture coloniale, ses rues piétonnes et ses marchés ; Tilcara avec sa forte tradition musicale et sa petite cité précolombienne ; Cafayate avec ses jolis vignobles.

Puis, envolez-vous à la découverte des autres curiosités de l'Argentine. Vers les inoubliables chutes d'Iguazú par exemple, avec ses différents sentiers panoramiques qui serpentent dans la jungle au milieu des toucans et des coatis. Ou au pied des glaciers de la région d'El Calafate en Patagonie avec le célèbre et très accessible glacier Perito Moreno.

Coup de cœur assuré !

Vous serez bluffés par son immensité, ses icebergs et le bruit fracassant des pans de glace qui s'écroulent dans le lac. Pourquoi ne pas finir en taquinant les lions de mer, les manchots et les baleines de la péninsule Valdés sur l'Atlantique ?

Voir carnet pratique p. 142.

13 h 45

50 €/j

2 semaines

– 4 h (hiver)
– 5 h (été)

Mars-avr.
et oct.-nov.

Argentine

Vos kids vont aimer

- Naviguer sur le Lago Argentino au milieu des icebergs.
- Compter les centaines de baleines, de pingouins et de lions de mer qui ont élu domicile sur la péninsule Valdés.
- Dormir dans une *estancia*, ferme de la pampa, et se prendre pour un *gaucho* en montant à cheval.
- Prendre le petit train pour aller d'un point de vue sur les chutes d'Iguazú à un autre.
- Laisser les guanacos (sorte de lamas) traverser les routes de la pampa.
- Écouter les groupes jouer de la flûte de pan dans les peñas de Tilcara.
- Se régaler de bœuf argentin grillé.
- Observer les danseurs de tango en dégustant un sablé à la confiture de lait lors d'une milonga (Buenos Aires).

Pour voir la vie en grand

Afrique du Sud

Des safaris au milieu des Big five dans la savane ? Oui. Des manchots, des baleines, des hippos et des crocos ? Aussi ! Le tout, sur fond de paysages sublimes qui alternent plages, canyons, savane et vignes.

La ville cosmopolite et branchée du Cap est une belle manière d'entamer le périple : se balader dans le quartier de Bo-Kaap aux maisons multicolores, humer les embruns au cap de Bonne-Espérance, observer les manchots qui se dandinent sur la plage de Boulders, gravir la montagne de la Table en téléphérique, se baigner sur la jolie plage de Muizenberg… Grâce au peu de décalage horaire, vous profitez immédiatement des vacances. Quelle bonne nouvelle !

Puis, direction la réserve marine de Santa Lucia. On y va pour sa sublime plage bordée de dunes à découvrir à pied ou à cheval, mais aussi pour ses lacs où vivent des dizaines d'hippopotames et de crocodiles que l'on observe depuis un safari en bateau. Pour qu'il n'y ait pas de jaloux, vous filez ensuite saluer les éléphants, les lions, les rhinocéros, les léopards et les buffles du célèbre parc Kruger. Seul aux commandes de votre véhicule pour ce safari de plusieurs jours, vous dormez le soir dans des huttes traditionnelles et vous continuez à les observer en préparant votre barbecue.

Une nature XXL comme on l'aime

Pour clôturer ce voyage en beauté, il faut absolument emprunter l'une des plus belles routes d'Afrique du Sud, celle qui longe le Blyde River Canyon à l'est : cascades géantes et points de vue magiques sur le profond canyon.

Voir carnet pratique p. 143.

10 h 30

80 €/j

2 semaines

+ 1 h (hiver)
Pas de décalage horaire en été

Toutes saisons

Afrique du Sud

Vos kids vont aimer

- Voir les Big five (éléphants, lions, léopards, buffles et rhinocéros) pour de vrai.
- Se régaler avec le *braai*, le barbecue local, dans le parc Kruger.
- Faire une virée en kayak pour observer les manchots du Cap.
- Dormir dans un bungalow à Santa Lucia à deux pas des dunes, de la mer, des hippopotames et des crocos.
- Observer la plus grande population de rhinocéros d'Afrique au parc de Hluhluwe-Umfolozi.
- Dormir dans une hutte swazie et découvrir les traditions du Swaziland, petit royaume enclavé en Afrique du Sud.
- Devenir de fervents défenseurs des droits de l'homme après la visite de Soweto et du musée de l'Apartheid (Johannesburg).

De canyon en savane, de lions en manchots !

Tanzanie

La Tanzanie est un mélange parfait pour un premier pas en Afrique en famille : un zeste de safari, une pincée de plages sublimes, le tout ponctué de sites naturels paradisiaques et d'aventures.

Ici, attendez-vous à découvrir « en chair et en os » des noms magiques qui nourrissent l'imaginaire de tout un chacun et font pétiller les yeux : lion, guépard, girafe, rhinocéros, baobab, peuple Maasaï, Zanzibar, Kilimandjaro… Rien que ça.

Au début du voyage, vous montez dans votre 4x4 pour arpenter les parcs animaliers du Nord avant de vous coucher le soir dans votre lodge au milieu de la brousse. Au parc d'Arusha, vous pourrez observer un maximum d'animaux sauvages même sans faire trop de route. À celui de Tarangire, vous profitez des jolis baobabs. Au N'Gorongoro, vous découvrez les sublimes paysages et l'immense cratère qui abrite le lac Magadi, une oasis de choix pour les bêtes. Au parc du lac Manyara, vous êtes attendris par les babouins de la jungle et par les lions perchés sur les branches de la plaine.

Ensuite, vous pourrez partir à la rencontre du peuple d'éleveurs et de guerriers Maasaï qui vit dans la steppe à l'ouest du Kilimandjaro. De nombreux villages ont gardé leur mode de vie traditionnel. Mais pour combien de temps encore ?

Puis, ce sera l'heure de vous envoler pour Zanzibar, l'île aux épices avec ses plages et sa mer de rêve. Une fin de voyage unique pour une destination mythique !

Voir carnet pratique p. 143.

Des noms magiques qui nourrissent l'imaginaire

13 h

55 €/j (hors safari)

10 jours

+ 2 h (hiver)
+ 1 h (été)

Janv.-fév. et juin-oct.

Tanzanie

Vos kids vont aimer

- Être debout dans le 4x4 pendant les safaris pour regarder les Big five à travers le toit ouvrant.
- Répéter *akuna matata* à tout bout de chant.
- Faire du canoë au milieu des hippopotames au parc national d'Arusha.
- Dormir dans la brousse dans les huttes du Maasaï Safari Lodge.
- Être initiés au javelot par les Maasaï eux-mêmes.
- Partir en *dhow*, le bateau de pêche traditionnel, pour faire du snorkeling sur la barrière de corail de Zanzibar.
- Visiter un des jardins aux épices de l'île de Zanzibar.
- Visiter le Seaweed Center de Paje et cueillir les algues à marée basse.

Sur les traces du Roi Lion, des Maasaï et de Zanzibar

Australie

Que dire en quelques mots sur un pays aussi vaste que l'Europe, sinon que c'est un endroit rêvé pour jouer les aventuriers en toute sécurité au milieu des kangourous, des déserts rouges et de la Grande Barrière de Corail ?

Quel que soit votre itinéraire en Australie, vous profiterez forcément des quatre ingrédients qui font la magie de ce pays : une nature version XXL, des kangourous et des koalas par milliers, une culture aborigène fascinante, et un esprit cool et détendu.

Dans le Nord par exemple, vous pouvez louer un 4x4 pour arpenter l'immense désert rouge de l'outback australien, marcher autour de Uluru (le rocher sacré des aborigènes), randonner au fond du Kings Canyon, et dormir le soir dans un ranch perdu. Si vous préférez le bleu, enfilez votre masque de plongée pour observer la Grande Barrière de Corail. Puis faites votre choix : l'archipel aux 74 îles des Whitsundays ou Fraser Island au nord-est, Kangaroo Island au sud, les rivages déserts du Sud-Ouest… L'Australie regorge de plages qui enflammeront vos rêves car, au-delà du sable blanc, des kangourous et des wallabies qui s'y baladent, ce sont de véritables sites préservés à couper le souffle dont on profite.

Des sites à couper le souffle !

Entre 19 h et 22 h

92 €/j

18 jours

Sydney : + 8 h (été) + 10 h (hiver)

Toutes saisons

Australie

Si vous passez à Hervey Bay entre août et octobre, ne ratez pas le ballet des baleines à bosse en transit. Et si vous êtes dans le Sud pendant nos mois d'hiver, profitez des vignes pour faire des pauses gastronomie !

Dernière chose : Sydney, ville agréable et 100 % kids friendly, vous donnera définitivement envie de vous installer ici. Pour quelque temps ou pour la vie !

Voir carnet pratique p. 143.

Vos kids vont aimer

- Découvrir le désert rouge de l'outback australien en 4x4.
- Reproduire les peintures aborigènes du centre culturel d'Uluru-Kata Tjuta.
- Prendre des cours de glisse au paradis des surfeurs de la Gold Coast (Brisbane).
- Marcher sous un tunnel de verre au fond de l'océan au milieu des requins et des raies (aquarium de Sydney).
- Profiter des plages sauvages de sable blanc sur la côte sud-ouest autour de Perth et dans le Queensland.
- Découvrir le kaléidoscope unique de la Grande Barrière de Corail depuis un avion.
- Marcher au milieu de dizaines de kangourous, de phoques et de wallabies sur la plage (Kangaroo Island).
- Caresser des koalas en semi-liberté au Lone Pine Koala Sanctuary (Brisbane).
- Dormir dans la forêt tropicale autour de Daintree pour observer les alligators.

L'aventure aux antipodes de la Terre

Laponie

Dites aux enfants que vous partez tous ensemble au pays du Père Noël, au milieu des rennes, conduire un traîneau à chiens, faire de la motoneige, et pêcher sur un lac gelé. Ils risquent de penser que vous vous moquez d'eux, et pourtant…

En Laponie finlandaise, il y a plus de rennes que d'habitants, autant de saunas que d'êtres humains, et l'air y est totalement pur. C'est aussi là qu'habite le Père Noël et que vous observerez, peut-être, vos premières aurores boréales. Quel imaginaire incroyable pour les petits comme pour les grands !

Il y fait froid, c'est certain. Mais si vous enfilez des combinaisons grand froid et que vous buvez, comme les locaux, des jus de baies bien chauds, vous serez parés pour le Nord du cercle polaire. Louez un petit chalet en rondins de bois sous les sapins autour de Äkäslompolo au pied du Mont Ylläs Tunturi, et laissez-vous envahir par l'atmosphère sportive et le cocooning ambiant.

La journée, vous alternez des activités magiques : conduire une motoneige pour aller pêcher sur un lac gelé, filer à vive allure sur un traîneau à chiens au milieu de la forêt, faire du ski de fond jusqu'à un *lavo*, l'abri traditionnel, pour déguster saucisses et guimauves au feu de bois, visiter une ferme d'élevage de rennes et passer du temps à leurs côtés.

8 h (escale comprise)

75 €/j (hors activités)

6 jours

+1 h

Déc.-avr. et août

Finlande

Alternez des activités magiques

Le soir, vous vous retrouvez au coin de la cheminée pour faire des jeux, et, pourquoi pas, tester les joies du sauna avec les enfants. Pour les Finlandais, c'est un moment très important à vivre en famille, alors, avec quelques précautions, pourquoi pas pour vous aussi ?

Voir carnet pratique p. 143.

Vos kids vont aimer

- Les sensations de glisse, accrochés derrière les parents, sur la motoneige.
- Pour les plus grands, conduire leur propre traîneau à chiens.
- Se prendre pour le Père Noël en glissant dans une luge traînée par un renne.
- Aller le voir pour de vrai au Village du Père Noël (Rovaniemi).
- Se retrouver au milieu de dizaines de rennes et leur donner à manger le lichen qu'ils aiment tant.
- Faire griller saucisses et guimauves au feu de bois après une bonne balade.
- Répéter *kipiss* à l'heure de l'apéro pour trinquer en finlandais.
- Visiter le village de glace de Lainio avec ses chambres, sa chapelle et son restaurant sculptés.
- Voir le ciel se colorer en vert, et parfois en rouge, lors d'une aurore boréale.

Au pays du Père Noël et des aurores boréales

VOYAGE FAMILY

HORS DES SENTIERS BATTUS

Birmanie

Des pagodes féeriques, des jardins flottants, des cités royales et les sourires attachants des Birmans : vous vous souviendrez longtemps de ce pays unique en son genre.

La Birmanie (Myanmar) est souvent considérée comme l'un des plus beaux pays d'Asie du Sud-Est. En famille, ce n'est pas le pays le plus facile pour voyager : les transports et les hébergements ont encore un goût d'aventure. Mais la magie des paysages et des activités ainsi que la gentillesse des Birmans avec les petits, en font un pays à ne pas manquer.

Le plus simple est de rester sur l'axe Rangoun / Hpa-An / lac Inle / Bagan / Mandalay, et d'y ajouter si possible une virée sur la plage de sable fin Ngapali pour vous reposer.

À Hpa-An, vous adorerez les paysages enchanteurs faits de rizières, de rochers karstiques et de maisons sur pilotis. Toutes les grottes sculptées de bouddhas sont incroyables à arpenter avec des lampes torches.

Au lac Inle, vous profiterez des balades en pirogue pour observer les Inthas cultiver leurs champs sur des îlots flottants et pêcher debout sur leurs petites barques.

Autour de Mandalay, vous serez émerveillés par les anciennes cités royales à parcourir à pied, en calèche ou en bateau. Enfin, à Bagan, les levers de soleil et les balades dans la campagne aux 2 000 pagodes resteront des souvenirs inoubliables.

Voir carnet pratique p. 144.

Des paysages et des activités magiques

14 h 40

45 €/j

2 semaines

+ 5 h 30 (hiver)
+ 4 h 30 (été)

Déc.-mars

Birmanie

Vos kids vont aimer

- Se balader en scooter ou en vélo électrique à travers les 2 000 pagodes de Bagan, avant d'escalader les stupas pour observer la vue.
- Assister au gonflage des montgolfières prêtes à s'envoler dans le ciel de Bagan.
- Se prendre pour des aventuriers en parcourant la grotte Sadan Cave avec une lampe torche.
- Assister à l'envol des milliers de chauves-souris qui quittent les grottes de Hpa-An au coucher du soleil.
- Faire le tour du lac Inle à vélo et prendre le bac pour terminer la boucle.
- Regarder les pêcheurs du lac Inle ramer debout sur la barque avec une jambe, tout en tenant le piège à poissons à bout de bras.
- Se balader en calèche à travers Ava, l'ancienne capitale royale de Mandalay.
- Visiter la pagode Shwedagon et son dôme recouvert de 10 000 feuilles d'or (Rangoun).

Au royaume des rêves et des pagodes

Kerala

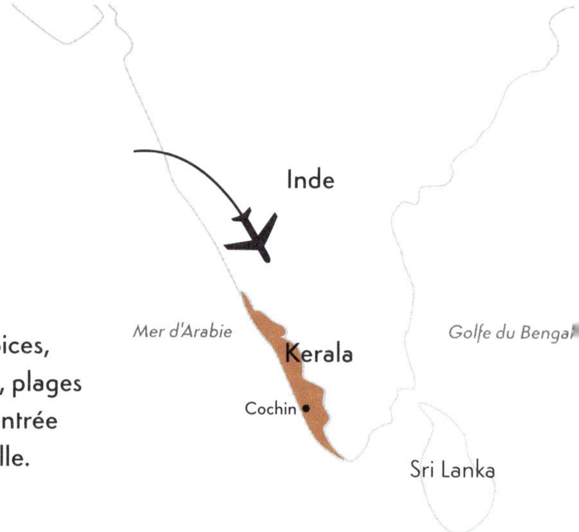

Balades à dos d'éléphant dans les plantations d'épices, flâneries en bateau sur les canaux des *backwaters*, plages bordées de cocotiers... le Kerala est une porte d'entrée parfaite pour s'initier à la beauté de l'Inde en famille.

En Inde, tous les sens sont en éveil. Pour un premier voyage, choisissez le Kerala, au sud-ouest. Avec l'omniprésence de la mer d'Arabie et des lagunes, avec la végétation luxuriante des plantations d'épices, des rizières et des cocotiers, cette région offre toute la beauté de l'Inde avec, en prime, un peu plus de douceur qu'ailleurs.

Le voyage commence à Fort Cochin, quartier de pêcheurs de la ville de Cochin. Vous déambulez à pied, à vélo ou en tuk-tuk, dans les jolies ruelles qui révèlent les influences de la colonisation et du commerce traditionnel des épices, ainsi que sur le front de mer où s'élèvent les filets de pêche chinois.

Puis vous vous enfoncez vers Munnar, dans les montagnes recouvertes de plantations de thé, de cardamone et de cannelle. Les randonnées faciles en famille vous tendent les bras. Un peu plus loin vers Thekkady, c'est à dos d'éléphant que vous vous imprégnez des paysages. Dans le parc de Periyar, vous retrouvez les pachydermes au bord du lac, aux côtés des antilopes, des bisons et des singes.

À la découverte des beautés de l'Inde

Reste une étape mythique : les *backwaters*, ces canaux que l'on parcourt à bord d'un magnifique bateau en feuilles de palmier tressées (*houseboat*). Durant une journée et une nuit, vous regardez la vie se dérouler sur les berges, vous profitez d'une ambiance sereine, de paysages magiques. Enfin, vous terminez par les plages de Varkala ou de Kovalam, bordées de cocotiers, pour des baignades endiablées.

Voir carnet pratique p. 144.

13 h (escale comprise)

28 €/j

10 jours

+ 4 h 30 (hiver)
+ 3 h 30 (été)

Nov.-avr.

Inde

Vos kids vont aimer

- Prendre le train et profiter des paysages qui défilent, cheveux au vent.
- Manger, dormir et vivre une journée entière dans un *houseboat* sur les *backwaters*.
- Embarquer sur un tuk-tuk qui file à vive allure.
- Faire une balade à dos d'éléphant dans les plantations de thé (Thekkady).
- Descendre la rivière en radeau de bambou (Thekkady).
- Découvrir comment poussent le café, le thé et les épices que les parents aiment tant (Munnar).
- Se baigner sur la jolie plage de sable blanc de Marari.
- Voir les vaches sacrées installées confortablement au milieu de la route.

L'Inde, la douceur et les cocotiers en plus

Oman

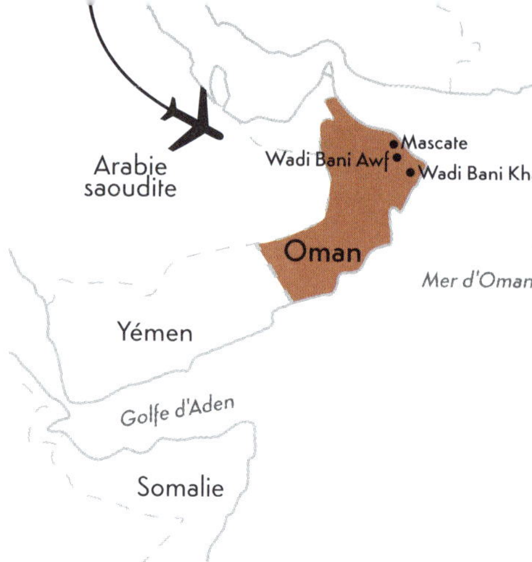

Loin du tourisme de masse et au milieu d'un peuple accueillant et souriant, vous passez des tortues de mer aux dunes du désert, et des forteresses de montagne aux baignades dans les *wadis*. Des aventures extraordinaires avec les enfants !

Oman est une destination encore méconnue des familles. C'est pourtant un pays sûr et confortable qui offre des aventures très différentes à chaque étape. De plus, les Omanais ont la culture de l'accueil et sont d'une gentillesse extrême avec les enfants. Que demander d'autre ?

C'est à Mascate que le voyage commence : son souk a été longtemps le plus actif de la péninsule, ses *dhows* (bateaux traditionnels) vous portent sur la mer au milieu des dauphins, son littoral invite à la baignade, et, enfin, sa mosquée est féerique.

Vos kids vont aimer

- Se balader au milieu des plantations de bananes, de mangues et de dattes à Misfat.
- Faire un tour en *dhow* et se faire escorter par des dauphins (Mascate).
- Rêver devant les *kandjars* dans les souks, ces poignards traditionnels en argent.
- Ouvrir les coffres aux trésors et braver les chauves-souris au château de Jabrin.
- S'amuser du spectacle des biquettes acrobates, plus nombreuses que les hommes à certains endroits.
- Observer les tortues géantes pondre leurs œufs sur la plage, et les bébés rejoindre la mer (Ras Al Jinz).
- Dormir dans des tentes de bédouins au milieu du désert.
- Voir des dromadaires le long des routes.
- Se balader dans les *wadis* et se baigner dans les vasques.

Un décor féerique naturel

À Ras Al Jinz, en saison (sept.-déc.), vous pourrez observer les grosses tortues pondre sur la plage pendant la nuit. Puis, en quelques heures de 4x4 sur des pistes qui poussent à se sentir explorateur, vous voilà au milieu des grandes dunes dorées du désert d'Ash Sharqiyah Sands (ex Wahiba Sands). Vous dormez sous la tente tels des bédouins, observez les étoiles, courez dans les montagnes de sable, faites un tour à dromadaire.

Reste à découvrir les montagnes du Hajar et le Grand Canyon du Jebel Shams. Partout, vous trouvez des reliefs spectaculaires. Les villages sont magnifiques, comme Misfat, avec sa palmeraie et ses cultures en terrasses. Les *wadis*, ces vallées avec leurs vasques creusées dans la roche, sont par ailleurs magiques et parfaits pour des plongeons improvisés. Le *wadi* Bani Khalid ou le *wadi* Bani Awf sont particulièrement splendides !

Voir carnet pratique p. 144.

7 h

85 €/j

1 semaine

+ 3 h (hiver)
+ 2 h (été)

Oct.-avr.

Oman

Un sultanat de dunes et de forteresses

Équateur

L'Équateur, ce sont trois voyages en un seul pays : la cordillère des Andes avec ses volcans et ses lamas, la forêt amazonienne avec ses chamanes, et les îles Galápagos avec ses tortues géantes.

Quelle aventure pour les enfants ! Quel retour aux sources pour les parents !

Après un atterrissage en douceur dans la jolie capitale de Quito, direction les montagnes de la sierra andine avec ses volcans enneigés et ses hauts plateaux. Au pied du Cotopaxi, vous allez adorer votre petite balade autour de la lagune de Limpiopungo au milieu des lamas, des alpagas, et face à cette montagne de feu toujours en activité. Un tour par Otavalo pour vous imprégner de l'ambiance colorée et animée de ce marché indien authentique et immense, un autre par Baños pour vous baigner dans les piscines chaudes naturelles et profiter des activités en plein air comme le VTT ou le rafting, et il est temps de redescendre vous enfoncer au cœur de la forêt amazonienne.

Un monde différent s'offre alors à vous : la symphonie (bruyante) de la vie nocturne, les bestioles dix fois plus grosses qu'ailleurs, les coutumes des chamanes, les déplacements en pirogue sur le río Napo au milieu des lianes géantes...

Voir carnet pratique p. 145.

Puis, d'un coup d'avion, vous voilà sur les mythiques îles Galápagos : tortues géantes terrestres, tortues marines, otaries, requins à pointe blanche, raies, etc. Vous allez vivre et nager quelques jours au milieu de milliers de ces animaux, dans des paysages qui alternent plages de rêve, volcans et lagunes. Autant d'expériences intenses en un seul pays, ça donne envie non ?!

Vos kids vont aimer

- S'acclimater à l'altitude en profitant des jolies ruelles coloniales de Quito.
- En prendre plein les yeux au marché d'Otavalo au milieu des cochons et des poules à vendre.
- Se balader à cheval dans le parc national du Cotopaxi.
- Se baigner dans les piscines naturelles d'eau chaude à Baños et faire du rafting sur la rivière.
- Dormir dans des huttes au milieu de la forêt amazonienne et naviguer en pirogue sur le río Napo.
- Nager au milieu des tortues marines et des raies sur l'île Isabela et marcher au milieu des tortues géantes sur l'île Santa Cruz (Galápagos).
- Arpenter le site Tintoreras, petit îlot de la baie d'Isabela, pour observer le pingouin des Galápagos.

15 h environ

38 €/j

2 semaines

– 7 h (été)
– 8 h (hiver)

Juin-août
Galápagos : janv.-mai

Équateur

Des volcans enneigés aux îles Galápagos

Madagascar

Des pistes de terre rouge, des forêts, des baobabs, des lémuriens… Cette Grande Île est un terrain de jeux merveilleux si vous aimez partir à l'aventure en famille et vous reposer, ensuite, sur des plages de rêve.

Madagascar est une des îles les plus vastes du monde et son réseau routier, constitué de pistes à parcourir en 4x4, comble votre soif d'aventure. Pour limiter les trajets avec des enfants, le Nord, avec des paysages splendides, des îlots de rêve, et une faune abondante, est un bon compromis.

Vous y trouvez la réserve de l'Ankarana, un des joyaux malgaches : vous vous baladez sur des ponts suspendus au-dessus de canyons, vous croisez des lémuriens entre deux baobabs, vous explorez les nombreuses grottes et rivières souterraines. Mais surtout, vous admirez les fameux grands Tsingy et les Tsingy rouges, ensemble géologique étonnant par son relief acéré et ses pics sculptés au gré du vent et de la pluie. Vous faites également une balade à vélo au milieu des champs de canne à sucre ou au bord des rizières. Les panoramas sont époustouflants.

Vos kids vont aimer

- Approcher des lémuriens et des caméléons.
- Nager au milieu des tortues et des dauphins.
- Admirer les plantations d'orchidées, de vanille et de noix de cajou sur Nosy Sakatia.
- Marcher sur le sentier sauvage des Trois Baies face à la mer (Diego-Suarez).
- Observer les forêts de pierre des Tsingy.
- Marcher sur des passerelles pour traverser des canyons (Ankarana).
- Explorer le réseau de grottes et de rivières souterraines jusqu'aux cratères sacrés (Ankarana).
- Se croire dans le Far-West au milieu des Tsingy rouges de l'Irodo.
- Déguster du poisson grillé sur des plages désertes et faire du snorkeling toute la journée.

Des panoramas époustouflants

Non loin de là, vous profitez de la forêt primaire et des essences précieuses de la Montagne d'Ambre. Les cascades, l'accrobranche et la spéléo vous y attendent, toujours sous le regard amusé des lémuriens et des caméléons.

Puis, l'aventure se poursuit au bord de l'eau : dans la baie de Diego-Suarez, mais aussi dans la mer d'Émeraude (un sublime lagon situé un peu plus haut) ou sur les îles de Nosy Komba, Nosy Hara et Nosy Sakatia. La dernière permet, en plus des paysages de rêve, de nager au milieu des tortues et des dauphins !

Voir carnet pratique p. 145.

15 h (escale comprise)

35 €/j

2 semaines

+ 2 h (hiver)
+ 1 h (été)

Avr.-nov.

Madagascar

L'île rouge, ses baobabs et ses lémuriens

Namibie

Des paysages à couper le souffle, des parcs animaliers, un désert vieux comme le monde, des dunes hautes comme la tour Eiffel : en Namibie, tout est grand, unique, et, contrairement aux idées reçues, facile à visiter avec des enfants aventuriers.

La Namibie n'est pas un pays réservé aux parents un peu fous. C'est une destination stable politiquement avec des infrastructures de bon niveau. Surtout, les paysages sont grandioses et les attractions, entre les animaux à observer, les dunes à grimper, et les bivouacs à tester, vont enchanter les aventuriers de tout âge.

Avec votre 4x4, vous filez dans le Nord profiter du panorama magnifique des falaises rouges du plateau du Waterberg et des safaris animaliers dans le parc d'Etosha. Les félins et les rhinocéros n'ont qu'à bien se tenir !

Vous poursuivez un voyage dans le temps à Twyfelfontein pour vous balader au milieu de paysages de grès rouge recouvert de milliers de peintures rupestres, vieilles de 6 000 ans.

La Namibie est aussi une fenêtre sur l'Atlantique. À Cape Cross, vous troquez vos amis les félins pour des milliers d'otaries à fourrure. Sur le lagon de Walvis Bay, vous voguez même vers les pélicans, les flamants roses et les dauphins.

Un enchantement pour petits et grands !

Enfin, si les kilomètres ne vous effraient pas trop, ne manquez pas le désert du Namib, le plus vieux de la planète. Des dunes immenses couleur abricot vous y attendent, tout comme les oryx, ces belles antilopes. Un lieu inoubliable. Sur la route, vous pourrez rencontrer les Bushmen du désert du Kalahari pour découvrir leur mode de vie, leur environnement et, peut-être, développer une passion pour l'ethnologie ?

Voir carnet pratique p. 145.

Vos kids vont aimer

- Dormir dans le bush en bivouac ou dans des lodges confortables avec piscine.
- Alterner entre l'observation des éléphants, des rhinocéros, des oryx et des flamants roses.
- Découvrir comment vit la tribu des Himbas, le peuple rouge, avec ses traditions ancestrales (Kaokoland).
- Visiter le centre de protection des guépards dans les environs du Waterberg.
- Découvrir les curiosités du Damaraland et ses peintures rupestres sacrées.
- Découvrir les milliers d'otaries à fourrure de Cape Cross, pataudes, bruyantes et odorantes.
- Grimper sur les dunes de Sossusvlei, jusqu'à 375 mètres de hauteur, dans le désert de Namib.
- Découvrir les dunes rouges et les suricates dans le désert du Kalahari.

14 h 35

90 €/j

2 semaines

+ 1 h (hiver)
– 1 h (été)

Avr.-nov.

Namibie

L'immensité dans toute sa splendeur

Botswana

Immergez-vous dans une nature sauvage qui vit au rythme des migrations animales et partez à la découverte de deux joyaux de l'Afrique : le delta de l'Okavango et les chutes Victoria.

Ce voyage vous plonge au cœur de l'Afrique australe, dans une nature vierge où les hommes sont rares et les routes goudronnées quasiment inexistantes. Ici, ce sont les saisons et les animaux qui font la loi : les hippopotames, les lions, les éléphants, les buffles... Ici, la nature offre des spectacles uniques au monde : le fleuve Okavango disperse ses eaux en un labyrinthe aquatique qui constitue une oasis rêvée pour les grands fauves et les crocodiles dans le désert du Kalahari. À la frontière de la Zambie et du Zimbabwe, les chutes Victoria sont tellement impressionnantes, avec leurs 2 kilomètres de long et leur bruit assourdissant, qu'elles font partie du club, très fermé, des sept merveilles du monde.

Cette destination se fait également en louant un 4x4 avec du matériel de camping pour partir à l'aventure, en famille, sur les pistes de sable. Pendant les safaris dans les parcs de l'Okavango, de Chobe et de Moremi, vous alternez les découvertes en véhicule dans la savane et en bateau sur le delta ou les rivières.

Le soir, vous dormez dans des espaces sécurisés au milieu de paysages sublimes, vous profitez des piscines pour vous rafraîchir et vous écoutez les bruits des animaux de la réserve en préparant votre barbecue.

Voir carnet pratique p. 145.

En totale harmonie avec l'environnement

10 h 30 (pour Johannesburg)

75 €/j (hors safari)

13 jours

+1 h (hiver) Pas de décalage horaire en été

Mai-oct.

Botswana

Vos kids vont aimer

- Glisser en pirogue sur le delta de l'Okavango au milieu des crocos et des hippos.
- Observer les éléphants venant se désaltérer dans la rivière Chobe.
- Survoler la brousse à basse altitude, parmi les zèbres et les impalas.
- Alterner les safaris à pied, en 4x4, en bateau ou en *mokoro*, les pirogues locales.
- Jouer les aventuriers sur les pistes sablonneuses entrecoupées de passages à gué.
- Se balader sur les ponts suspendus des chutes Victoria, se faire éclabousser et en prendre plein les oreilles.
- Dormir dans des lodges ou des campings en entendant le bruit des animaux sauvages.
- Se baigner dans les piscines face à la brousse.

Une nature intacte où les grands fauves sont rois

VOYAGE FAMILY

SIX FAMILLES INSPIRANTES

Prendre le temps de voyager lentement

par Magali

Magali, Julien et Tao (5 ans) ont trouvé leur manière de voyager en famille. Ils ne courent jamais après les visites incontournables des guides mais ils préservent toujours l'essentiel à leurs yeux : vivre et ressentir le pays. Et si, comme eux, on profitait du prochain voyage pour ralentir ?

Magali, peux-tu nous raconter votre manière de voyager ?

Nous avons la chance d'avoir du temps pour visiter un pays mais, pour autant, nous ne recherchons pas l'exhaustivité. En Inde, où nous sommes restés un mois, nous n'avons fait « que » 5 étapes. Au Sri Lanka ou en République dominicaine, nous avons choisi un seul point de chute. Nous partons par ailleurs souvent en van et la démarche reste la même : nous bougeons doucement, sur de petites distances.

Pour quelles raisons fais-tu le choix de limiter les kilomètres et les étapes ?

J'aime profondément découvrir un nouveau pays, mais il y a quelque chose qui me gêne dans le fait d'être une touriste. Souvent, on part loin pour voir, mais pour voir quoi ? En ralentissant, j'ai l'impression de vivre dans le pays comme une locale ou au moins une expat, de rencontrer les gens, de ressentir la culture. Je comprends cependant qu'avec le prix du billet d'avion certains aient envie de le rentabiliser. Il faut trouver un juste milieu pour que les vacances restent des vacances !

Ressens-tu parfois la frustration de pas avoir été visiter un monument ou une ville phare d'une destination ?

Oui, je peux être tentée par le regret. Parfois, je me dis que j'aurais aimé visiter le rocher de Sigiriya au Sri Lanka. Puis, je pense à la foule qui s'y presse chaque jour, et je me dis que nous avons vécu des choses au moins aussi belles et dépaysantes de notre côté, des expériences qu'on n'aurait pas pu vivre en allant plus vite. Par exemple, nous avons pris le temps de louer un tuk-tuk pour explorer tous les chemins autour de notre maison. Nous nous sommes perdus volontairement, nous avons fait des rencontres. Ce sont des moments uniques qui ne sont qu'à nous !

Notre programme quotidien est tout de même riche en expériences : marché local pour faire les courses, visites de lieux accessibles dans la journée, jeux avec Tao, etc. Nous choisissons également souvent des endroits où nous pouvons faire du surf et du yoga, nos passions, ou bien nous trouvons un moyen de prendre des cours pour découvrir des activités typiques du coin. Quand j'ai un moment, je prends mon appareil pour aller photographier des détails, je vais à la rencontre des gens.

Pourquoi conseilles-tu aux autres familles de ralentir aussi en voyage ?

Au-delà du plaisir, je trouve que c'est une belle leçon pour nos enfants, élevés dans une société de zapping. Ils apprennent à regarder, à explorer les choses autour d'eux. Pour les parents, c'est aussi moins de préparation en amont et un budget plus limité en frais de déplacement et d'hébergement (plus on reste longtemps, plus on peut négocier). Enfin, toute la famille rentre dépaysée, mais aussi reposée !

Pour en savoir plus :
www.instagram.com/lesvoyagesdetao

LOVE

Un tour du monde en échange de maisons

par Audrey

Audrey et Fabien sont partis en tour du monde avec leurs trois enfants en utilisant un mode d'hébergement particulier : ils échangent leur maison ! Asie, Océanie, Amériques… ils réussissent à aller presque partout et ont l'impression de vivre comme des locaux. Une belle manière de voyager en immersion, mais également de réduire les coûts !

Pourquoi avoir choisi ce mode d'hébergement pour votre tour du monde ?

Nous sommes tombés amoureux de ce style de vacances il y a trois ans, lors de notre premier échange : *exit* les chambres d'hôtel ou les locations minuscules et chères, à nous les maisons avec de vrais voisins, des jouets et des livres pour les enfants. Pour la première fois, nous avions l'impression de vivre comme des locaux. Ce fut tellement enrichissant qu'on ne se voyait pas faire notre tour du monde autrement.

Tout le monde peut-il faire comme vous ? Peut-on aller partout dans le monde grâce à l'échange de maisons ?

Nous doutions au départ de l'attrait de notre maison située dans un petit village des Pays de la Loire. Les nombreuses demandes reçues nous ont cependant vite rassurés. En réalité, pour des Américains, des Canadiens ou des Suédois, ce n'est pas un problème de faire des kilomètres. Je suis certaine que de nombreuses familles seront étonnées, comme nous, de voir que leur logement suscite autant d'intérêt.

À partir de là, on peut effectivement aller presque partout, notre tour du monde en est la preuve. Nous avons échangé notre maison avec des Chinois, des Hongkongais, des Vietnamiens, des Australiens, des Thaïlandais, des Néo-Zélandais, des Argentins… et ce n'est pas terminé !

Pourquoi conseilles-tu l'échange de maisons aux autres familles ?

C'est un système riche d'enseignements. Pour les enfants, il s'agit d'accepter de prêter leur chambre, leurs jouets, de prendre du recul sur les biens matériels, et, à l'inverse, de comprendre l'importance du respect des lieux et des cultures chez les autres. Les enfants sont également heureux de partager de jolis moments avec les hôtes quand ils sont là ou, souvent, avec les voisins curieux de nous rencontrer.

Pour les parents, cela combine les dimensions d'entraide et de convivialité que nous recherchions dans le voyage. En effet, une fois l'échange conclu, de nombreux mails et appels par Skype sont mis en place pour faire connaissance, donner des conseils sur la logistique et sur les choses à faire et à voir sur place. Un sentiment de proximité s'installe rapidement. On a l'impression de se connaître avant même d'avoir fait l'échange et, parfois, on reste même bons amis. D'un point de vue financier, ce n'est pas négligeable non plus puisque le poste « hébergement » disparaît du budget. Si le véhicule est mis à disposition, les frais de location de voiture sont également supprimés.

N'hésitez pas à faire comme nous sur un week-end, une semaine ou plus. Le plus dur, c'est de se lancer !

Retrouvez la suite de ce témoignage sur www.voyagefamily.com/family-portraits
Pour en savoir plus : www.familyglobeexchange.com

Oser l'école locale pendant quelques mois

par Laure

Durant leur voyage d'un an en Asie, Laure et Philippe n'ont pas hésité à scolariser leurs deux filles de 4 et 5 ans dans deux écoles locales en Inde. Au milieu des enfants et des professeurs parlant uniquement le tibétain et le tamoul, elles ont été très marquées par cette expérience incroyable !

Comment as-tu eu l'idée de mettre tes deux filles à l'école locale en Inde ?

L'objectif de notre voyage était de perdre nos repères et nos croyances pour façonner, en famille, une relation au monde, au temps et à nous-mêmes qui soit plus riche, plus vraie, et plus harmonieuse avec ce que nous sommes et aspirons à devenir. Nous voulions donner à nos enfants les outils pour devenir des êtres libres, curieux, empreints d'humanité. Mettre nos filles dans les écoles locales durant notre voyage a donc naturellement fait partie de la construction de notre périple.

Quand et comment est-ce arrivé ?

Cela a pu se faire à deux reprises pendant deux mois.
La première expérience de scolarisation se déroula à Mcleod Ganj (dans le « petit Tibet »). Nous avons tenté notre chance dans l'école locale la plus proche de chez nous. Au début, l'équipe pédagogique nous a pris pour des fous : tous les enfants étaient tibétains, il fallait porter un uniforme, les repas se prenaient par terre et n'étaient composés que de dhal, la discipline était très stricte, les huit heures trente de cours six jours par semaine étaient entièrement en tibétain, et les filles ne seraient pas dans la même classe. « Elles ne vont jamais pouvoir s'adapter », nous a-t-on dit. Nous avons décidé de tenter quand même l'expérience puisque les filles y étaient prêtes. Et ce fut un succès ! Elles ont adoré leurs maîtresses et leurs journées qui commençaient chaque matin par une séance de yoga, de respiration et un temps de chant. Même si elles ne comprenaient pas la langue, elles ont appris à écrire tibétain, se sont fait des amis et étaient très fières de nous chanter, le soir, les chansons apprises le matin même. La deuxième expérience près d'Auroville fut une tout autre aventure, mais tout aussi intense. Si la pédagogie y était plus douce puisque basée sur Montessori, les cours étaient dispensés en tamoul et tous les enfants étaient issus de la rue... Là encore aucune barrière de langue, de milieu social, de culture n'a semblé les séparer de leurs camarades d'école. Et cette expérience a laissé des marques profondes en chacune d'entre elles.

Qu'ont-elles retenu de ces deux moments forts de vie ?

Elles ont tout d'abord appris à ne pas avoir peur de l'Autre, de l'inconnu et de la différence. Elles ont aussi pu toucher du doigt ce qui reste souvent un concept dans nos vies de privilégiés : la pauvreté, la solitude et le manque de nourriture. Depuis, elles continuent de mesurer leur chance de pouvoir aller à l'école et remercient pour la nourriture qui se trouve dans leur assiette.

Et toi, quels enseignements en retires-tu en tant que maman ?

Je suis persuadée que rien ne vaut l'apprentissage par l'expérience. Cette scolarisation me le démontre : de toutes les expériences que nous avons vécues durant ce voyage, je pense que ce fut la plus importante pour les filles. Pour ma part, j'ai surtout découvert, abasourdie, l'incroyable résilience des enfants ainsi que leur curiosité naturelle. Alors, il faut oser sortir des sentiers battus, tenter des expériences nouvelles, les enfants nous ouvrent les portes d'un monde insoupçonné...

Pour en savoir plus en texte, en photo et en vidéo : www.filofiava.com

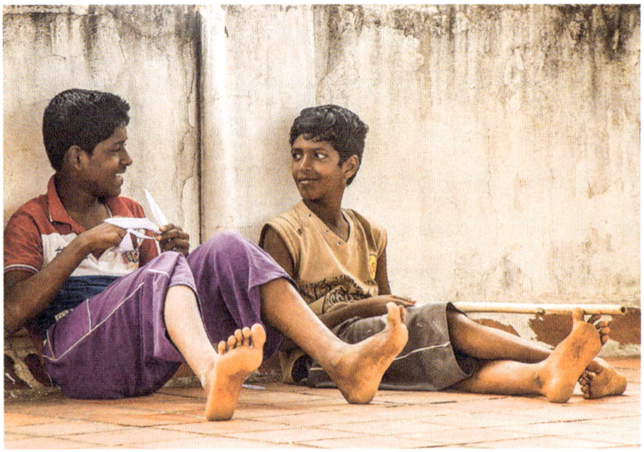

Faire du tourisme solidaire en famille

par Angèle

Et si on profitait du temps que l'on a en voyage pour se rendre utiles et l'offrir à ceux qui en ont besoin ? Et si cela apportait autant que cela permettait de donner ? Angèle et Yan ont tenté l'expérience des vacances solidaires en famille avec Corail et Céleste, âgées de 5 et 12 ans. Tous en sont ressortis grandis !

Angèle, comment l'idée t'est-elle venue de faire du tourisme solidaire en famille ?

Nous devions partir six mois pour un long voyage en Asie. Malgré l'excitation qui montait, j'avais du mal à trouver du sens à ce projet. Nous avions de la chance, nous voulions la partager ; nous avions du temps, nous voulions en donner. Nous avons alors décidé de consacrer quelques semaines de cette grande aventure à des missions de bénévolat.

Comment as-tu trouvé des missions humanitaires qui acceptent les familles avec enfants ?

Nous avons découvert la plateforme www.workaway.info, un site collaboratif sans intermédiaire : d'un côté les porteurs de projets publient leurs besoins, et de l'autre les personnes qui veulent s'investir choisissent une structure en fonction de leurs envies et du pays désiré. Nous recherchions plutôt un orphelinat car les enfants peuvent plus facilement trouver leur place et se rendre utiles. Nous avons contacté deux centres, l'un en Inde, l'autre au Népal. Notre projet leur convenait parfaitement et après avoir accepté de payer une mini-compensation pour le gîte et le couvert, nous avons pris date pour respectivement deux et trois semaines de mission humanitaire.

Concrètement, quelles étaient vos tâches ?

Nous pensions entamer de gros chantiers, mais on s'est vite rendu compte qu'ils ne manquaient pas de bras pour faire des travaux. En tant qu'étrangers, nous pouvions apporter bien d'autres choses aux enfants : une ouverture sur le monde, une pratique quotidienne de l'anglais (sésame précieux pour leur future vie professionnelle) et une présence attentionnée. Les enfants sur place sont en grande partie livrés à eux-mêmes. Ils ont donc besoin que l'on s'occupe d'eux, que l'on joue avec eux. C'est essentiel !

Ainsi, Céleste lisait des livres, Yan a construit une cabane, Corail partageait ses Lego. On jouait aux cartes, on organisait des chasses aux trésors et on a même prévu une soirée cinéma : un film de notre ordinateur, un écran, des pop-corn et le tour était joué.

Qu'est-ce que cette expérience a apporté à tes enfants ? Et à vous, les parents ?

Un tel séjour permet aux enfants d'apprécier la chance qu'ils ont dans la vie. Ils le savent car on leur dit, encore faut-il que cela devienne concret. Par ailleurs, Corail, qui avait 5 ans à l'époque, a pu apprendre à parler anglais avec ses camarades. À la fin du séjour, elle faisait de vraies petites phrases.

Enfin pour tous, c'est l'occasion de partager des moments humains très forts. En voyage, les plus beaux instants sont ceux où l'on partage avec l'Autre !

Retrouvez la suite de ce témoignage sur www.voyagefamily.com/family-portraits

Comment le cyclotourisme a changé notre vie

par Blandine

Blandine est une maman de trois enfants dont Quentin, 12 ans, handicapé moteur depuis sa naissance. Elle nous raconte comment le voyage à vélo en famille a révolutionné leur quotidien. Son expérience donne envie de se lancer dans cette aventure mais aussi, plus largement, de dépasser ses peurs et ses limites.

Comment en êtes-vous arrivés à voyager à vélo en famille avec Quentin, handicapé moteur ?

Pendant très longtemps, nous prenions Quentin sur notre dos lors de balades ou d'escapades en famille. En grandissant, c'est devenu compliqué moralement pour lui d'être toujours porté par ses parents. Il exprimait la volonté d'être avec les autres enfants, à leurs côtés. À la même période, nous lui avions acheté un tricycle, et à le voir s'amuser, l'idée a germé dans nos têtes.

Un jour, vous vous êtes donc lancés ?

Nous avons commencé en 2014 par une semaine de randonnée à vélo le long du canal du Midi. Nous avions prévu que Quentin fasse les 30 kilomètres par jour avec son tricycle. Mais très vite, nous nous sommes rendu compte qu'il manquait de puissance musculaire pour un tel effort et nous avons bricolé une solution de secours : Quentin pédalait toujours sur son tricycle, désormais attaché derrière le VTT de son papa. Ce n'était pas encore la solution optimale. Nous avons par la suite trouvé LE vélo qu'il nous fallait : le tandem Pino Hase qui permet d'avoir le papa debout à l'arrière et Quentin, à l'avant, qui pédale avec lui. C'est important pour nous qu'il soit en première ligne.

Depuis, chaque année, vous voyagez à vélo en famille ?

Oui, depuis que nous avons trouvé le mode de voyage qui nous convient avec un enfant handicapé moteur, nous ne rêvons que des prochains itinéraires que nous pourrions faire ensemble en famille. Nous faisons des petites sorties vélo de quelques jours en France et des plus grandes, comme notre tour en Suisse ou encore nos quatre semaines en Bretagne à parcourir quelque 1 000 kilomètres de côtes. Notre rêve maintenant, c'est de partir toujours plus loin, toujours plus longtemps, mais toujours à vélo !

Qu'est-ce que le cyclotourisme en famille a changé pour Quentin ? Et pour votre famille dans son ensemble ?

Tous les kilomètres parcourus ont contribué à donner à Quentin une vraie confiance en lui. Il s'est rendu compte qu'il pouvait faire comme tout le monde et même faire beaucoup plus. Par ailleurs, le fait d'être sur un tandem et de devoir s'en remettre entièrement à son père pour la conduite, le freinage et la vitesse, l'a obligé à lâcher prise, à faire confiance aux autres. Ce qui n'était pas gagné.

Pourquoi avoir accepté de témoigner de votre expérience ?

Nous rencontrons beaucoup de parents qui se sentent enfermés avec leur enfant, qu'il soit handicapé ou non d'ailleurs. Avec notre expérience réussie, je veux montrer à tous que l'on peut lever les barrières, profiter de la vie et se faire plaisir, quels que soient ses peurs ou son handicap.

Retrouvez la suite de ce témoignage sur www.voyagefamily.com/family-portraits

HASE

Tour du monde : qu'en reste-t-il aux enfants devenus grands ?

par Anne-Sophie

Le voyage au long cours change-t-il autant les enfants que les parents ?
Dans quelle mesure influence-t-il leur personnalité ? Existe-t-il un âge idéal ?
Anne-Sophie, 24 ans, est partie en tour du monde pendant un an avec sa famille.
C'était il y a plus de dix ans. Devenue adulte,
elle dresse le bilan sur ce que cette aventure lui a apporté.

Parle-nous du tour du monde réalisé en 2006 avec tes parents. Comment as-tu vécu le grand départ à l'époque ?

Avant tout, nous sommes la preuve que l'on peut faire un tour du monde avec une famille nombreuse : j'ai un frère et deux sœurs, et tous les six, nous sommes partis un an à travers l'Asie, l'Océanie, l'Amérique du Nord et l'Amérique latine. Nous avions alors 2, 8, 11 et 14 ans.

La vérité, c'est que je n'étais pas enthousiaste au départ. Ce n'est pas facile pour une adolescente de quitter ses amis pour un an. Le premier mois de l'aventure, j'ai été difficile avec mes parents : je voulais leur faire payer cette décision. Puis la magie du voyage a opéré.

Ce voyage a-t-il changé ta famille, les liens qui vous unissent ?

Mes parents travaillaient beaucoup avant cette parenthèse enchantée. On se voyait le soir, mais c'est finalement peu. La vie quotidienne était mouvementée. Cette année passée tous ensemble nous a permis d'apprendre à nous connaître. On est revenu soudés comme jamais et cette complicité s'est installée pour toujours.

De la même manière, ce voyage au long cours a-t-il fait de toi une adulte différente ?

C'est difficile à dire. Ce qui est certain, c'est que j'ai mûri plus vite que mes amis restés en France. Au contact du monde, j'ai pris conscience de la chance que j'avais d'être née ici. Après avoir suivi une classe dans une école au Costa Rica, je me suis même juré de ne plus jamais critiquer le système français et de l'apprécier à sa juste valeur.

Par ailleurs, avec les cours par correspondance réalisés au cours de cette année, j'ai appris différemment et suis devenue bien plus autonome. Frustrée pendant le voyage de ne pas pouvoir me faire comprendre, j'ai également pris les langues étrangères très au sérieux à mon retour.

Enfin, ces douze mois de voyage m'ont transmis le virus de la découverte et de l'aventure pour toujours. Aujourd'hui, je m'envole dès que j'en ai l'occasion, le voyage est devenu une vraie passion.

Quel âge te semble-t-il idéal pour emmener ses enfants en tour du monde ?

À 14 ans, l'âge que j'avais à l'époque, on profite pleinement de l'expérience. Je me souviens de beaucoup de choses et nous en parlons souvent avec mes parents. Mais chaque âge a son lot d'avantages. Ma petite sœur de 2 ans a développé un vrai sens de la débrouillardise et une facilité avec les langues. Il lui reste également une multitude de sensations ainsi que toutes les photos qui tournent en boucle sur l'ordinateur familial.

Retrouvez la suite de ce témoignage sur www.voyagefamily.com/family-portraits

Bon à savoir

• Les prix figurant dans la rubrique « Y aller » correspondent à une moyenne des tarifs observés sur l'année.

• Les informations de la rubrique « Formalités » ne concernent que les ressortissants français et sont indiquées si nécessaires (n'oubliez cependant pas votre passeport en cours de validité !). Pour plus de précisions rendez-vous sur : www.diplomatie.gouv.fr

VOYAGE
FAMILY
CARNET
PRATIQUE

Sri Lanka

Petit pays aux mille aventures (p. 8)

• **Y aller :** aéroport de Colombo (env. 700 € pour un vol avec escale).
• **Formalités :** visa nécessaire pour une durée de moins de 30 jours, faire une demande de ETA avant le départ (www.eta.gov.lk), environ 35 USD/personne (gratuit jusqu'à 12 ans). Passeport valable au moins 6 mois après la date d'entrée sur le territoire. Obligation d'avoir un billet retour et des justificatifs de ressources pour la durée du séjour.
• **Devise :** roupie srilankaise
• **Sur place :** louer des voitures à la journée avec chauffeur ou faire des trajets en tuk-tuk pour plus d'aventure !
• **Santé :** vaccin contre l'hépatite A et traitement anti-palu recommandés (selon l'itinéraire).
• **Conseil :** attention, la mer au Sri Lanka n'est pas sans risque. Renseignez-vous bien auprès des locaux avant de vous lancer dans les vagues.
• **Organiser son voyage :** www.voyagefamily.com (dossier spécial).
• **Plus d'infos :** www.srilanka.travel/fr

Isla Holbox

Jouer les Robinsons au Mexique (p. 18)

• **Y aller :** aéroport de Cancún (environ 800 €/adulte). Depuis Cancún, on peut prendre des bus spécialisés dans le transfert vers Chiquilá, petit port d'embarquement pour l'île. On peut aussi y venir en voiture, mais il faudra alors la laisser sur le continent et payer le parking gardé.
• **Devise :** peso mexicain
• **Santé :** aucun vaccin obligatoire et le paludisme n'est pas présent dans cette région. Se protéger cependant contre les moustiques, Zika étant présent.
• **Organiser son voyage :** www.voyagefamily.com (dossier spécial).
• **Plus d'infos :** www.holboxisland.com

Bali et Lombok

L'Éden côté terre et mer (p. 10)

• **Y aller :** aéroport de Denpasar à Bali (env. 800 €). Pas de vol direct.
• **Formalités :** pas de visa nécessaire pour un séjour de moins de 30 jours, mais détenir un passeport d'une durée de validité de 6 mois après la date de sortie du territoire.
• **Devise :** roupie indonésienne
• **Sur place :** louer une voiture avec chauffeur et prendre un *speedboat* pour Nusa Penida (Lombok). Pour les îles au large de Lombok, vol intérieur Denpasar-Lombok (entre 25 et 50 min.) puis voiture jusqu'à Pamenang ou *speedboat* depuis Padangbai (Bali).
• **Santé :** vaccins contre l'hépatite A et la typhoïde, ainsi que traitement préventif contre le paludisme nécessaires.
• **Le bon plan :** Terres d'Aventure propose un circuit original et adapté aux familles, qui mélange la découverte de Bali (7 jours) et celle des îles du large de Lombok en bateau (6 jours). Le rêve absolu ! À partir de 3 450 €/adulte.
• **Organiser son voyage :** www.terdav.com
• **Plus d'infos :** www.indonesia.travel/fr/

Les Visayas

Un bout du monde, un paradis... (p. 12)

• **Y aller :** aéroport international de Cebu (environ 800 €/adulte). Pas de vol direct.
• **Formalités :** pas de visa nécessaire pour un séjour de moins de 30 jours. Passeport valable au moins 6 mois après la date d'entrée du territoire. Obligation d'avoir un billet retour.
• **Devise :** peso philippin
• **Sur place :** les tickets des ferrys pour se déplacer d'île en île se prennent directement au port, et les taxis sont ensuite légion pour se balader. Des déplacements très simples avec les enfants.
• **Santé :** à part le vaccin contre l'hépatite A et une eau non potable, le voyage dans cette région ne nécessite pas de véritable précaution. Attention cependant à vous protéger contre les moustiques, Zika étant présent au moment de la rédaction du livre.
• **Plus d'infos :** http://web.tourism.gov.ph

Cuba

Sur un air de salsa (p. 14)

• **Y aller :** aéroport de La Havane (environ 900 €/adulte).
• **Formalités :** visa nécessaire (22 €/personne) pour une durée maximale de 30 jours.
• **Devise :** peso cubain convertible
• **Sur place :** se déplacer en taxis collectivos ou louer une voiture en prenant soin de vérifier les éléments de sécurité avant le départ.
• **Où loger :** les *casas particulares* (chez l'habitant) est l'hébergement le moins cher et le plus sympa en famille. On s'y sent comme à la maison.
• **Santé :** une assurance santé est exigée par les autorités. Vaccin contre l'hépatite A recommandé.
• **Plus d'infos :** www.cubatravel.cu/fr/

République dominicaine

Langoustes, mangrove et merengue (p. 16)

• **Y aller :** aéroport de Saint-Domingue avec escale (environ 750 €/adulte) ou en direct par Punta Cana (environ 700 €/adulte).
• **Formalités :** pas de visa nécessaire pour un séjour de moins de 3 mois, mais il vous faudra détenir un passeport d'une durée de validité de 6 mois après la date d'entrée du territoire.
• **Devise :** peso dominicain
• **Sur place :** le mieux est de louer une voiture, mais attention à ne pas conduire de nuit.
• **Conseil :** en partant fin février, profiter du carnaval de Saint-Domingue.
• **Santé :** se protéger contre les moustiques : Zika, la dengue, le chikungunya et le paludisme étant présents au moment de la rédaction du livre.
• **Plus d'infos :** www.godominicanrepublic.com/fr/

Guadeloupe

Une mer et des cascades de rêve (p. 20)

• **Y aller :** aéroport de Pointe-à-Pitre (environ 700 €/adulte).
• **Sur place :** location de voiture (à partir de 15 € par jour pour un modèle économique).
• **Où loger :** autour de la plage de la Grande Anse (Deshaies, Basse-Terre).
• **Organiser son voyage :** www.voyagefamily.com (dossier spécial).
• **Plus d'infos :** www.lesilesdeguadeloupe.com

Lanzarote

La mystérieuse « île aux 1 000 volcans » (p. 22)

• **Y aller :** quelques vols directs Paris-Arrecife (Lanzarote). Prix moyen de 300 €/adulte.
• **Sur place :** il faut louer une voiture, mais les tarifs sont très compétitifs.
• **Où loger :** l'idéal est de louer une maison (avec piscine !) au centre de l'île.
• **Organiser son voyage :** www.voyagefamily.com (dossier spécial).
• **Plus d'infos :** turismolanzarote.com/fr

Cap-Vert

Archipel d'authenticité et de dépaysement (p. 24)

• **Y aller :** aéroports internationaux de São Vicente, Boa Vista, Sal ou Praia sur l'île de Santiago (environ 600 €/adulte). Vol avec escale. Comparer les prix !
• **Formalités :** pas de visa nécessaire pour un séjour de moins de 30 jours.
• **Devise :** escudo cap-verdien
• **Sur place :** les transports entre les îles ne sont pas simples (ferrys en retard, lignes peu développées, avions relativement chers) sauf entre Santo Antão et São Vicente (1 h en ferry). Avec des enfants, limiter donc le nombre d'îles visitées et penser aux vols intérieurs.
• **Santé :** se protéger des moustiques, la dengue et surtout Zika étant présents. Risques de paludisme limités (se renseigner auprès de votre médecin). Une assurance santé est obligatoire.
• **Plus d'infos :** www.mindelo.info

LOIN, LOIN, LOIN...

Jordanie

Petits bédouins au pays enchanté (p. 28)

- **Y aller :** il existe des vols directs Paris-Amman (environ 600 €/adulte, moins cher avec une escale).
- **Formalités :** visa nécessaire (environ 50 €/personne).
- **Devise :** dinar jordanien
- **Sur place :** louer une voiture ou un 4x4 pour arpenter le désert. Les distances sont relativement courtes et les routes en bon état.
- **Santé :** dans l'ensemble, les conditions sanitaires sont bonnes. Vaccin contre l'hépatite A recommandé.
- **Le bon plan :** le Jordan Pass permet de bénéficier d'entrées à tarif réduit dans plus de 40 sites touristiques et une exonération des frais de visa.
- **Plus d'infos :** www.fr.visitjordan.com

La Réunion

Nature intense pour sportifs en herbe (p. 30)

- **Y aller :** aéroport de Saint-Denis (environ 900 €/adulte).
- **Sur place :** location de voiture (environ 30 €/jour).
- **Santé :** protection contre les moustiques (présence possible ou avérée du virus chikungunya et de la dengue). Attention, les baignades sont réglementées sur l'île.
- **Organiser son voyage :** www.voyagefamily.com (dossier spécial).
- **Plus d'infos :** www.reunion.fr

Californie

Faire le plein d'ondes positives aux USA (p. 32)

- **Y aller :** vol aller jusqu'à San Francisco et retour depuis Los Angeles (environ 800 €/adulte).
- **Formalités :** faire une demande d'ESTA (visa) sur le site officiel, minimum 72 heures avant le départ (environ 13 € par personne).
- **Devise :** dollar américain
- **Sur place :** prévoyez la location d'une voiture (de préférence climatisée) qui vous sera utile à Los Angeles également, du fait du gigantisme de la ville.
- **Conseil :** évitez si possible les périodes de vacances des Américains !
- **Plus d'infos :** www.visitcalifornia.com/fr

Yucatán

Entre sites mayas, plages et cénotes (p. 34)

- **Y aller :** il existe des vols directs Paris-Cancún (environ 800 €/adulte).
- **Devise :** peso mexicain
- **Sur place :** il faut louer une voiture depuis l'aéroport de Cancùn.
- **Santé :** Aucun vaccin n'est obligatoire et le paludisme n'est pas présent dans cette région. Il faut cependant se protéger des moustiques (Zika étant présent).
- **Organiser son voyage :** www.voyagefamily.com (dossier spécial).
- **Plus d'infos :** www.visitmexico.com

Pérou

À la découverte des Mystérieuses Cités d'or (p. 36)

• **Y aller :** aéroport de Lima (environ 950 €/adulte avec escale) puis vol intérieur pour Cuzco.
• **Devise :** nouveau sol
• **Sur place :** les transports en bus sont pratiques entre les villes et le train pour le Machu Picchu est sympathique.
• **Santé :** attention au mal des montagnes, demander conseil à son médecin pour les jeunes enfants. Protection nécessaire contre les moustiques (Zika et dengue présents).
• **Le bon plan :** Terres d'Aventure propose un circuit de 14 jours adapté aux familles. En plus des incontournables, il permet de dormir chez l'habitant, de vivre des aventures à pied, à vélo et en kayak, et de faire une excursion dans la forêt amazonienne. À partir de 1 655 € par adulte.
• **Organiser son voyage :** www.terdav.com
• **Plus d'infos :** www.peru.travel/fr/

Thaïlande

Immersion au Royaume du sourire (p. 38)

• **Y aller :** aéroport de Bangkok (environ 550 €/adulte avec escale) ou de Chiang Mai avec changement à Bangkok.
• **Formalités :** pas de visa nécessaire pour un séjour de moins de 30 jours, mais il vous faudra détenir un passeport d'une durée de validité de 6 mois à la date d'entrée sur le territoire.
• **Devise :** baht
• **Sur place :** avion ou train de nuit pour Chiang Mai depuis Bangkok ; tuk-tuk ou *songthaew* (camions-taxis ouverts à l'arrière) pour les autres trajets.
• **Santé :** vaccin contre l'hépatite A, protection contre les moustiques (dengue et Zika présents) et traitement antipaludisme recommandés.
• **Organiser son voyage :** www.voyagefamily.com (dossier spécial).
• **Plus d'infos :** www.tourismethaifr.com

Cambodge

Perle authentique de l'Asie du Sud-Est (p. 40)

• **Y aller :** vol aller jusqu'à Siem Reap et retour depuis Phnom Penh (environ 800 €/adulte avec une escale).
• **Formalités :** visa nécessaire (40 €/personne, en espèce). Il est valable 3 mois et pour un séjour de 30 jours maximum.
• **Devise :** riel
• **Sur place :** en bus ou en voiture de location, idéalement avec chauffeur (routes en mauvais état). En ville, tuk-tuk et cyclo-pousse sont agréables !
• **Santé :** vaccin contre l'hépatite A, protection contre les moustiques (dengue, Zika etc.) et traitement préventif contre le paludisme recommandés.
• **Plus d'infos :** www.tourismcambodia.com

Japon

Allô la Terre ? Ici le Japon ! (p. 42)

• **Y aller :** aéroport Haneda de Tokyo (plus proche du centre). En moyenne 600 €/adulte.
• **Devise :** yen
• **Sur place :** le train est une bonne option en prenant le Japan Rail Pass. Dans Tokyo, préférer le métro avec la carte Suica.
• **Santé :** vaccins classiques à jour.
• **Organiser son voyage :** www.voyagefamily.com (dossier spécial).
• **Plus d'infos :** www.tourisme-japon.fr

PAS LOIN, PAS LONGTEMPS

Slovénie

Une merveille nichée au cœur de l'Europe (p. 46)

- **Y aller :** aéroport de Ljubljana (environ 200 €/adulte) ou en voiture.
- **Sur place :** location voiture (environ 20 € par jour).
- **Où loger :** possibilité de faire une première boucle dans le Nord, et une deuxième dans le Sud pour limiter le nombre d'hébergements.
- **Organiser son voyage :** www.voyagefamily.com (dossier spécial).
- **Plus d'infos :** www. slovenia.info/fr/

Cinque Terre

Petits villages perdus, face à la mer (p. 48)

- **Y aller :** en train ou en voiture jusqu'à Levanto, ou en avion jusqu'à Pise (environ 60 €/adulte) puis location de voiture.
- **Sur place :** les billets de train ou de bateau se prennent juste avant de monter dans les très nombreuses navettes.
- **Où loger :** dans les Cinque Terre, à Levanto ou à La Spezia (moins chers).
- **Organiser son voyage :** www.voyagefamily.com (dossier spécial).
- **Plus d'infos :** www.parconazionale5terre.it

Marrakech et Essaouira

Entre dépaysement et douceur de vivre (p. 50)

- **Y aller :** aéroport de Marrakech (environ 200 €/adulte pour un vol direct).
- **Devise :** dirham marocain
- **Sur place :** prendre un bus pour rejoindre Essaouira, ou un taxi (entre 50 € et 80 € selon le nombre de personnes).
- **Où loger :** à l'intérieur de la Médina à Marrakech, et pourquoi pas un peu dans les terres à Essaouira (plus à l'abri du vent et avec une piscine).
- **Plus d'infos :** www.visitmorocco.com/fr

Occitanie

Auprès de mon âne, qu'il fait bon dormir… (p. 52)

- **Y aller :** en train jusqu'à Septfonds, Caussade, Montauban ou Albi (environ 60 €/adulte) ou en voiture jusqu'au village de Bruniquel.
- **Le bon plan :** Terres d'Aventure propose une randonnée avec des ânes près des gorges de l'Aveyron avec un itinéraire adapté aux plus petits. Vous suivrez votre *road-book* détaillé pour aller, à votre rythme et avec votre âne, de gorge en rivière et en village médiéval. 8 jours à partir de 665 € par adulte.
- **Organiser son voyage :** www.terdav.com
- **Plus d'infos :** www.tourisme_occitanie.com

Sicile et îles Éoliennes

Des volcans, des îles authentiques... et l'Italie (p. 54)

- **Y aller :** aéroport de Catane (environ 200 €/adulte).
- **Sur place :** bus direct pour le port Milazzo depuis l'aéroport (70 € A/R) ou location de voiture (de 20 à 45 € par jour selon la saison). Plus d'infos sur les ferrys pour traverser sur traghettilines.it.
- **Le bon plan :** Terres d'Aventure propose un séjour adapté aux enfants pour découvrir les îles Éoliennes et 3 volcans (Etna, Vulcano, Stromboli) en alternant randonnées, bateau et baignades. À partir de 1 295 € par adulte.
- **Organiser son voyage :** www.terdav.com
- **Plus d'infos :** www.italia.it

Andalousie

Pays de soleil, d'orangers et de flamenco (p. 56)

- **Y aller :** vol aller jusqu'à Séville et retour depuis Malaga (environ 160 €/adulte).
- **Sur place :** location de voiture (de 10 € à 25 € par jour selon la saison).
- **Organiser son voyage :** www.voyagefamily.com (dossier spécial).
- **Plus d'infos :** www.andalucia.org/fr

Lacs italiens

Douceur de vivre à l'italienne (p. 58)

- **Y aller :** en voiture ou en avion jusqu'à Milan (environ 75 €/adulte).
- **Sur place :** à Bellagio pour le lac de Côme, à Stresa pour le lac Majeur et à Sirmione pour le lac de Garde. Les tickets des nombreux bateaux se prennent juste avant d'embarquer. Facile !
- **Conseil :** pour bénéficier d'hébergements moins chers, n'hésitez pas à loger dans des petits villages avoisinant Sirmione, Stresa ou Côme, comme Cernobbio.
- **Organiser son voyage :** www.voyagefamily.com (dossier spécial).
- **Plus d'infos :** www.italia.it, www.lelacmajeur.com

Connemara

Une île couleur émeraude à l'esprit chaleureux (p. 60)

- **Y aller :** il existe des vols directs Paris-Dublin (en moyenne 100 €/adulte).
- **Sur place :** location de voiture (environ 25-30 € par jour). Attention, conduite à gauche !
- **Plus d'infos :** www.ireland.com/fr

Copenhague

La capitale mondiale du bonheur (p. 62)

- **Y aller :** il existe des vols directs Paris-Copenhague (environ 110 €/adulte).
- **Devise :** couronne danoise
- **Sur place :** louer un vélo triporteur pour transporter les enfants.
- **Conseil :** attention, Copenhague est une ville très chère. Pour limiter les frais, fortement anticiper votre location d'hébergement. Le midi, la formule économique est de déguster un smørrebrød.
- **Organiser son voyage :** www.voyagefamily.com (dossier spécial).
- **Plus d'infos :** www.visitdenmark.fr

Les Cyclades

Un rêve qui se vit d'île en île (p. 66)

• **Y aller :** il existe des vols directs Paris-Mykonos ou Santorin pendant l'été (environ 300 €/adulte).
• **Sur place :** louer une voiture pour visiter les îles. Attention, pendant l'été, il faut réserver les billets de ferry en avance (www.hellenicseaways.gr).
• **Conseil :** privilégier les bateaux rapides pour les enfants sujets au mal de mer et partir, si possible, hors saison.
• **Organiser son voyage :** www.voyagefamily.com (dossier spécial).
• **Plus d'infos :** www.visitgreece.gr/en/greek_islands/cyclades

Lisbonne et le Sud

Des plages sauvages à perte de vue (p. 68)

• **Y aller :** aéroport de Lisbonne (environ 150 €/adulte) ou de Faro.
• **Sur place :** la location d'un camping-car est une bonne option, les campings sauvages étant très agréables sur la côte ouest de l'Algarve. Sinon, location de voiture depuis Lisbonne ou Faro.
• **Organiser son voyage :** www.voyagefamily.com (dossier spécial).
• **Plus d'infos :** www.visitportugal.com/fr

Corse

L'île de toutes les beautés (p. 70)

• **Y aller :** aéroport d'Ajaccio (environ 220 €/adulte) ou en ferry depuis Marseille, Nice ou Toulon pour Ajaccio (en moyenne 150 €/personne en cabine privée pour 4). Plus d'infos sur www.directferries.fr
• **Sur place :** embarquer son véhicule sur le ferry (environ 150 € A/R pour un petit modèle) ou louer une voiture.
• **Le bon plan :** Terres d'Aventure propose plusieurs séjours pour profiter de la Corse côté mer et montagne en famille. Balade en kayak ou à pied, chasse au trésor, nuit en bergerie, accrobranche et canyoning : des activités ludiques pour vivre l'île comme personne d'autre ! 6 ou 7 jours, à partir de 680 € par adulte.
• **Organiser son voyage :** www.terdav.com
• **Plus d'infos :** www.visit-corsica.com, www.ajaccio-tourisme.com

Dalmatie

Les îles secrètes de la Croatie (p. 72)

• **Y aller :** vol aller jusqu'à Split et retour depuis Dubrovnik pour limiter les trajets (environ 250 €/adulte).
• **Sur place :** pour chaque itinéraire en ferry, vérifier auprès des trois compagnies qui se partagent ces lignes : Jadrolinija, GV Line, Krilo.
• **Conseil :** penser aux chaussures de mer pour les plages de galets et les pontons de béton.
• **Organiser son voyage :** www.voyagefamily.com (dossier spécial).
• **Plus d'infos :** www.mljet.hr

Crète

Petites criques, grandes oliveraies et régime crétois (p. 74)

• **Y aller :** aéroport de Héraklion (environ 300 €/adulte).
• **Sur place :** location de voiture (environ 30 €/jour).
• **Le bon plan :** Terres d'Aventure a conçu un séjour avec plein d'activités ludiques et kids friendly pour profiter de la Crète côté mer et nature en famille. Des cours de cuisine et une immersion dans une ferme sont également au programme. 8 jours, à partir de 1 340 € par adulte.
• **Organiser son voyage :** www.terdav.com
• **Plus d'infos :** www.decouvrirlacrete.com

Les Pouilles

Du bleu, du blanc et du bonheur (p. 76)

• **Y aller :** aéroport de Bari ou de Brindisi (environ 200 €/adulte).
• **Sur place :** location de voiture (environ 30 €/jour).
• **Conseil :** loger une semaine dans un *trullo* entre Alberobello et Lecce, et une semaine vers Gargano. Mais privilégier le hors saison en mai/juin ou septembre/octobre pour éviter le monde.
• **Organiser son voyage :** www.voyagefamily.com (dossier spécial).
• **Plus d'infos :** www.viaggiareinpuglia.it/hp/fr

Floride

Sous le soleil exactement (p. 78)

• **Y aller :** aéroport de Miami (environ 800 €/adulte ou 650 € avec escale).
• **Formalités :** faire une demande d'ESTA sur le site officiel, au minimum 72 heures avant le départ (environ 13 €/personne).
• **Devise :** dollar américain
• **Sur place :** la location de voiture est incontournable et le litre d'essence est presque donné. Pour limiter les coûts, préférer le camping-car !
• **Santé :** se protéger contre les moustiques, surtout dans les Everglades en été.
• **Conseil :** l'été, la Floride est prisée par les Américains : réserver le plus tôt possible.
• **Organiser son voyage :** www.voyagefamily.com (dossier spécial).
• **Plus d'infos :** www.visitflorida.com/fr.html, www.miamiandbeaches.fr

Nordeste

Le Brésil côté dunes, plages et lagunes (p. 80)

• **Y aller :** aéroport de Fortaleza (environ 800 €/adulte avec escale), puis vol interne en aller simple pour São Luís.
• **Formalités :** pas de visa nécessaire pour un séjour de moins de 90 jours, mais il vous faudra détenir un passeport d'une durée de validité de 6 mois après la date d'entrée sur le territoire.
• **Devise :** réal brésilien
• **Sur place :** entre les rivières et les deltas à passer, l'état des routes et les distances (1 250 km au total), le plus simple consiste à prendre un guide avec chauffeur dans une agence locale.
• **Santé :** vaccin contre la fièvre jaune et protection contre les piqures de moustiques (Zika et dengue) recommandés.
• **Organiser son voyage :** www.voyagefamily.com (dossier spécial).
• **Plus d'infos :** www.visitbrasil.com/en/

GRANDEUR NATURE

Écosse

Bout du monde aux légendes envoûtantes (p. 84)

• **Y aller :** il existe des vols directs Paris-Édimbourg (environ 200 €/adulte).
• **Devise :** livre sterling
• **Sur place :** le mieux est de louer une voiture et de l'embarquer dans les ferrys pour les îles. Attention, ici on roule à gauche.
• **Le bon plan :** le camping-car est idéal en Écosse, car le bivouac sauvage est autorisé et les campings sont souvent situés sur de magnifiques sites sauvages. Avis aux amateurs !
• **Organiser son voyage :** www.voyagefamily.com (dossier spécial).
• **Plus d'infos :** www.visitscotland.com

Islande

La côte sud : voyage au centre de la Terre (p. 86)

• **Y aller :** il existe des vols directs Paris-Reykjavik (environ 300 €/adulte).
• **Formalités :** pas de visa nécessaire pour un séjour de moins de 3 mois, mais il vous faudra détenir une carte d'identité ou un passeport d'une durée de validité de 3 mois après la date de sortie du territoire.
• **Devise :** couronne islandaise
• **Sur place :** location de voiture (à partir de 50 € par jour) ou bus longue distance.
• **Le bon plan :** pour limiter les trajets, la côte sud est un bon compromis par rapport au tour entier de l'île. Pour voir des aurores boréales, venir entre octobre et février.
• **Plus d'infos :** www.inspired.visiticeland.com

Québec

Pour petits et grands trappeurs (p. 88)

• **Y aller :** il existe des vols directs Paris-Montréal (environ 550 €/adulte).
• **Formalités :** autorisation de voyage préalable obligatoire à demander sur www.canada.ca/ave (environ 5 €).
• **Devise :** dollar canadien
• **Sur place :** on peut louer une voiture à Montréal, ou, mieux, un camping-car pour dormir dans les campings des parcs nationaux.
• **Organiser son voyage :** www.voyagefamily.com (dossier spécial).
• **Plus d'infos :** www.quebecnature.ca, www.pc.gc.ca (parcs du Canada), www.quebecoriginal.com

Costa Rica

Une nature généreuse à portée de main (p. 90)

• **Y aller :** aéroport de San José (environ 900 €/adulte). Pas de vol direct.
• **Devise :** colón costaricien
• **Sur place :** le mieux est de se déplacer en bus, lents mais bon marché, et/ou de louer un 4x4 à San José (environ 80 €/jour).
• **Santé :** pas de vaccin obligatoire ni de traitement antipaludique. Se protéger des moustiques, la dengue et Zika étant présents.
• **Organiser son voyage :** www.voyagefamily.com (dossier spécial).
• **Plus d'infos :** www.costarica.fr

Argentine

Pour voir la vie en grand (p. 92)

• **Y aller :** il existe des vols directs Paris-Buenos Aires (environ 850 €/adulte).
• **Devise :** peso argentin
• **Sur place :** attention, les distances sont très grandes ! Combiner donc les vols intérieurs avec les bus de nuit, très confortables, et la location de voiture (environ 40 €/jour).
• **Santé :** vaccination contre l'hépatite A et mesures de protection contre les moustiques recommandées (traitement antipaludique non nécessaire).
• **Plus d'infos :** www.argentina.travel/fr

Afrique du Sud

De canyon en savane, de lions en manchots ! (p. 94)

• **Y aller :** vol aller jusqu'au Cap et retour depuis Johannesburg (environ 650 €/adulte avec escale). Également possibilité de vol intérieur.
• **Formalités :** pas de visa nécessaire pour un séjour de moins de 90 jours, mais il vous faudra détenir un passeport d'une durée de validité de 30 jours après la date de sortie du territoire.
• **Devise :** rand
• **Sur place :** ici, toute la logistique est simple et le confort assuré. Location de voiture et vols intérieurs entre Le Cap, Durban et Johannesburg avec la compagnie locale à bas prix Kulula.
• **Santé :** vaccin recommandé contre l'hépatite A et traitement de prévention antipaludique nécessaire pour l'est du pays.
• **Organiser son voyage :** www.voyagefamily.com (dossier spécial).
• **Plus d'infos :** www.southafrica.net

Tanzanie

Sur les traces du Roi Lion, des Maasaï et de Zanzibar (p. 96)

• **Y aller :** aéroport de Kilimandjaro près d'Arusha pour les parcs du Nord (environ 700 €/adulte). Pour terminer le séjour à Zanzibar, prendre le vol retour depuis l'île ou depuis Dar es Salaam (environ 750 €/adulte).
• **Formalités :** visa nécessaire (50 €/personne).
• **Devise :** shilling tanzanien
• **Santé :** vaccin contre l'hépatite A recommandé, ainsi qu'un traitement antipaludique. Dengue également présente.
• **Le bon plan :** partir avec Terres d'Aventure pour un circuit adapté aux familles dans les 4 plus beaux parcs du Nord, dormir dans des lodges. Vos enfants vont adorer les activités pour les enfants à l'écolodge Masaï et à Mto Wa Mbu ! 11 jours, à partir de 2 885 € par adulte.
• **Organiser son voyage :** www.terdav.com et www.voyagefamily.com
• **Plus d'infos :** www.tanzaniatouristboard.com

Australie

L'aventure aux antipodes de la Terre (p. 98)

• **Y aller :** aéroports de Sydney, Melbourne ou Perth (environ 1 000 €/adulte). Pas de vol direct.
• **Formalités :** visa eVisitor et passeport d'une durée de validité de 6 mois après la date de sortie du territoire.
• **Devise :** dollar australien
• **Sur place :** location de voiture (environ 35 € par jour) ou de 4x4, et vols internes avec les compagnies low-cost Virgin Australia et Jet Star (à réserver bien en avance).
• **Conseil :** chaque saison est propice à l'aventure en Australie. En hiver, ce sera plutôt le Centre et le Sud, et en été, le Nord !
• **Plus d'infos :** www.australia.com/fr-fr

Laponie

Au pays du Père Noël et des aurores boréales (p. 100)

• **Y aller :** aéroport de Kittilä (en moyenne 350 €/adulte avec escale), puis bus local pour Äkäslompolo.
• **Santé :** les soins médicaux sont chers, demander la carte européenne d'assurance maladie à la Sécurité Sociale avant le départ, et vérifier les termes du contrat d'assurance-assistance éventuellement souscrite.
• **Où loger :** dans un chalet de location ou dans un hôtel incluant les activités (cela peut être moins cher en fonction du nombre d'activités réalisées).
• **Organiser son voyage :** www.voyagefamily.com (dossier spécial).
• **Plus d'infos :** www.visitfinland.com/fr/

Birmanie

Au royaume des rêves et des pagodes (p. 104)

• **Y aller :** pour limiter les trajets, vol aller jusqu'à Rangoun et retour depuis Mandalay (ou l'inverse). Environ 800 €/adulte. Pas de vol direct.
• **Formalités :** visa obligatoire auprès de l'Ambassade de Birmanie ou en ligne (evisa.moip.gov.mm). Il est valide 3 mois pour une durée de 28 jours sur place.
• **Devise :** kyat
• **Sur place :** louer une voiture avec un chauffeur ou prendre les bus de nuit de préférence, pour faire passer les distances plus rapidement avec les enfants. Penser aussi aux vols intérieurs.
• **Santé :** vaccins habituels à jour. Prévention contre le paludisme recommandée.
• **Organiser son voyage :** www.voyagefamily.com (dossier spécial).
• **Plus d'infos :** www.myanmartourism.org

Kerala

L'Inde, la douceur et les cocotiers en plus (p. 106)

• **Y aller :** aéroport de Cochin (environ 500 €/adulte avec une escale).
• **Formalités :** demander le e-tourist visa au moins 4 jours avant le départ sur www.indianvisaonline.gov.in.
Prix : 42 € pour une entrée unique, 60 jours maximum.
• **Devise :** roupie indienne
• **Sur place :** déplacements en train, en taxi, ou location d'une voiture avec chauffeur.
• **Santé :** en plus des vaccins français à jour, celui contre l'hépatite A est vivement recommandés, celui de la typhoïde, conseillé. Traitement contre le paludisme recommandé. Protection contre les moustiques indispensable (présence possible ou avérée du virus du chikungunya, de la dengue et de l'encéphalite japonaise, en zone rurale).
• **Organiser son voyage :** www.voyagefamily.com (dossier spécial).
• **Plus d'infos :** www.keralatourism.org

Oman

Un sultanat de dunes et de forteresses (p. 108)

• **Y aller :** aéroport de Mascate (environ 350 €/adulte avec une escale).
• **Formalités :** visa obligatoire mais disponible à l'arrivée (15 € pour un visa simple de tourisme de 10 jours ou moins).
• **Devise :** rial omanais
• **Sur place :** location de 4x4 (environ 80 €/jour).
• **Où loger :** camping sauvage autorisé ou chambres d'hôtes à réserver avant de partir.
• **Santé :** vaccins contre l'hépatite A et B, et la typhoïde, recommandés seulement en fonction du séjour.
• **Organiser son voyage :** www.voyagefamily.com (dossier spécial).
• **Plus d'infos :** www.omantourisme.com

Équateur

Des volcans enneigés aux îles Galápagos (p. 110)

• **Y aller :** aéroport de Quito (environ 1 100 €/adulte).
• **Formalités :** pas de visa nécessaire, mais il vous faudra détenir un passeport d'une durée de validité de 6 mois après la date de sortie du territoire.
• **Devise :** dollar américain
• **Sur place :** louer un 4X4 (plus reposant avec chauffeur) puis prendre un vol pour San Cristobal (Galápagos) via Guayaquil depuis Quito. Entre les îles, des ferrys font la navette.
• **Santé :** attention au mal des montagnes, demander conseil à son médecin pour les jeunes enfants. Protection nécessaire contre les moustiques (Zika et dengue présents) et vaccin contre la fièvre jaune recommandé.
• **Organiser son voyage :** www.voyagefamily.com (dossier spécial).
• **Plus d'infos :** www.ecuador.travel

Madagascar

L'île rouge, ses baobabs et ses lémuriens (p. 112)

• **Y aller :** aéroport de Nosy Be via l'île de la Réunion (environ 1 300 €/adulte).
• **Formalités :** visa (disponible à l'arrivée, 27 € pour 30 jours maximum) et vignette touristique (10 €) obligatoires.
• **Devise :** ariary
• **Sur place :** location de 4x4 (environ 50 €/jour avec chauffeur).
• **Santé :** mise à jour des vaccins contre la diphtérie, le tétanos et la poliomyélite indispensable. Traitement anti-paludisme et mesures de protection contre les piqûres de moustiques conseillés (présence possible de la dengue et du chikungunya).
• **Le bon plan :** Terres d'Aventure propose un circuit dans le Nord adapté aux enfants. Il alterne randonnée, vélo, safari marin, snorkeling dans les îles et hébergement dans une cabane dans les arbres. Une vraie aventure familiale ! 15 jours à partir de 2 895 € par adulte.
• **Organiser son voyage :** www.terdav.com
• **Plus d'infos :** www.office-tourisme-diego-suarez.com, www.madagascar-tourisme.com

Namibie

L'immensité dans toute sa splendeur (p. 114)

• **Y aller :** aéroport de Windhoek (environ 900 €/adulte avec une escale).
• **Formalités :** pas de visa nécessaire, mais il vous faudra détenir un passeport d'une durée de validité de 6 mois après la date de sortie du territoire.
Attention, si vous transitez par l'Afrique du Sud avec vos enfants, il vous faudra produire un acte de naissance pour chacun, traduit en anglais et certifié.
• **Devise :** dollar namibien
• **Sur place :** location d'un 4x4 ou même d'un 4x4 Campeur pour faire, facilement, du bivouac.
• **Santé :** vaccins contre l'hépatite A et B, et la typhoïde, ainsi que traitement antipaludisme, recommandés seulement en fonction du séjour
• **Plus d'infos :** www.namibiatourism.com.na

Botswana

Une nature intacte où les grands fauves sont rois (p. 116)

• **Y aller :** via Johannesburg en Afrique du Sud (en moyenne 550 €/adulte avec 1 escale), puis autre vol ou location de 4x4 pour rejoindre le Botswana.
Se renseigner pour l'excursion aux chutes Victoria (à la frontière du Zimbabwe et de la Zambie).
• **Formalités :** pas de visa nécessaire, mais il vous faudra détenir un passeport d'une durée de validité de 6 mois après la date d'entrée du territoire. Si excursion aux chutes Victoria, le visa peut s'obtenir à l'entrée au Zimbabwe ou en Zambie (50 $).
• **Devise :** pula
• **Sur place :** location de 4x4 avec équipement de camping chez www.britz.co.za, www.keacampers.co.za, etc.
• **Santé :** vaccins traditionnels à jour, protection contre les moustiques (présence possible des virus de la dengue et du chikungunya) et le paludisme.
• **Organiser son voyage :** www.voyagefamily.com (dossier spécial).
• **Plus d'infos :** www.botswana.co.bw

Votre voyage en famille

Destination

Période

Durée

Circuit

Vos kids ont aimé

-
-
-
-
-
-

Votre voyage en famille

Destination

Période

Durée

Circuit

Vos kids ont aimé

-
-
-
-
-
-

Votre voyage en famille

Destination

Période

Durée

Circuit

Vos kids ont aimé

-
-
-
-
-
-

Votre voyage en famille

Destination

Période

Durée

Circuit

Vos kids ont aimé

-
-
-
-
-
-

Votre voyage en famille

Destination

Période

Durée

Circuit

Vos kids ont aimé

-
-
-
-
-
-

Index des destinations

A

Afrique du Sud 94
Andalousie 56
Argentine 92
Australie 98

B

Bali 10
Birmanie 104
Botswana 116
Brésil
  Nordeste 80

C

Californie 32
Cambodge 40
Canada
  Québec 88
Canaries 22
Cap-Vert 24
Cinque Terre 48
Connemara 60
Copenhague 62
Corse 70
Costa Rica 90
Crète 74
Croatie
  Dalmatie 72
Cuba 14
Cyclades (Les) 66

D

Dalmatie 72
Danemark
  Copenhague 62

E

Écosse 84
Équateur 110
Espagne
  Andalousie 56
  Canaries 22
Essaouira 50
États-Unis
  Californie 32
  Floride 78

F

Finlande
  Laponie 100
Floride 78
France
  Corse 70
  Guadeloupe 20
  Occitanie 52
  Réunion (La) 30

G

Grèce
  Crète 74
  Cyclades (Les) 66
Guadeloupe 20

I

Inde
  Kerala 106
Indonésie
  Bali 10
  Lombok 10
Irlande
  Connemara 60
Isla Holbox 18
Islande 86
Italie
  Cinque Terre 48
  Lacs italiens 58
  Pouilles (Les) 76
  Sicile et îles Éoliennes 54

J

Japon 42
Jordanie 28

K

Kerala 106

L

Lacs italiens 58
Laponie 100
Lisbonne 68
Lombok 10

M

Madagascar 112
Maroc
  Essaouira 50
  Marrakech 50
Marrakech 50
Mexique
  Isla Holbox 18
  Yucatán 34

N

Namibie 114
Nordeste 80

O

Occitanie 52
Oman 108

P

Pérou 36
Philippines
  Visayas (Les) 12
Portugal
  Lisbonne 68
  Sud 68
Pouilles (Les) 76

Q - R

Québec 88
République dominicaine 16
Réunion (La) 30

S - T

Sicile et îles Éoliennes 54
Slovénie 46
Sri Lanka 8
Tanzanie 96
Thaïlande 38

V - Y

Visayas (Les) 12
Yucatán 34

Période idéale de voyage

Printemps

Afrique du Sud
Andalousie
Argentine
Australie
Botswana
Californie
Cap-Vert
Cinque Terre
Connemara
Copenhague
Corse
Costa Rica
Crète
Cuba
Cyclades
Dalmatie
Écosse
Essaouira
Floride
Guadeloupe
Isla Holbox
Japon
Kerala
Lacs italiens
Lanzarote
Laponie
Lisbonne
Madagascar
Marrakech
Namibie
Occitanie
Oman
Pérou
Pouilles (Les)
Québec
République dominicaine
Réunion (La)
Sicile et îles Éoliennes
Sri Lanka
Visayas
Yucatán

Été

Afrique du Sud
Australie
Bali
Botswana
Californie
Cap-Vert
Cinque Terre
Copenhague
Corse
Crète
Cyclades
Dalmatie
Écosse
Équateur
Floride
Islande
Laponie
Lisbonne
Lombok
Madagascar
Namibie
Occitanie
Pérou
Pouilles (Les)
Québec
Réunion (La)
Sicile et îles Éoliennes
Slovénie
Sri Lanka
Tanzanie

Automne

Afrique du Sud
Andalousie
Argentine
Australie
Bali
Botswana
Californie
Cambodge
Cap-Vert
Cinque Terre
Corse
Crète
Cuba
Dalmatie
Essaouira
Japon
Jordanie
Kerala
Lacs italiens
Lisbonne
Lombok
Madagascar
Marrakech
Namibie
Nordeste
Occitanie
Oman
Pouilles (Les)
Québec
Réunion (La)
Sicile et îles Éoliennes
Tanzanie
Thaïlande
Yucatán

Hiver

Afrique du Sud
Australie
Birmanie
Cambodge
Cap-Vert
Costa Rica
Cuba
Floride
Guadeloupe
Isla Holbox
Kerala
Laponie
Oman
Québec
République dominicaine
Sri Lanka
Tanzanie
Thaïlande
Visayas
Yucatán

TERRES D'AVENTURE
«LE VOYAGE A PIED»

Le voyage en famille selon Terres d'Aventure

Quel bonheur de partager avec ses enfants un bivouac la tête dans les étoiles, une balade à bicyclette le nez au vent ou un plongeon dans une cascade d'eau fraîche après une belle randonnée ! Quelle émotion de se remémorer, année après année, les souvenirs émerveillés des vacances familiales.

Chez Terres d'Aventure, nous avons imaginé de nouveaux circuits pour que chaque famille puisse trouver un voyage à son image. Déclinés en accompagné ou en individuel, nous proposons quatre concepts pour (re)découvrir le monde avec des yeux d'enfant.

- Le **voyage à pied** vous permettra de transmettre la passion de la marche à vos bambins et de partir à l'aventure en dormant à la belle étoile, en bivouac, refuge ou gîte.

- Le **voyage découverte** vous conduira aux quatre coins du monde pour connaître un pays, ses habitants et ses traditions.

- Le **voyage multi-activités** propose de pratiquer des activités de plein air et de partager des sensations fortes dans un environnement naturel exceptionnel.

- Enfin le **voyage à vélo** vous emmènera explorer les routes bucoliques au grand air en profitant de ce qui se présente en chemin.

En partant avec Terres d'Aventure, transmettez à vos enfants le goût de la découverte, éveillez leurs sens, cultivez leur curiosité. Sans doute la meilleure initiation au monde, et le plus beau cadeau que vous puissiez leur offrir.

Lionel HABASQUE,
PDG de Terres d'Aventure

Crédit photographique

Caroline Krauze – 2, 4 (ht, c d., b d.), 5 (b), 6-7, 9, 15, 19 (ht, b, c d.), 21 (b), 26-27, 31, 35, 37 (bg. et d) 39 (b g.), 49, 57, 63 (b g.), 64-65, 71 (b c.), 73, 101, 132-133

Terres d'Aventure – Dikaseva : 11 (ht), Sven Scheuermeier : 11 (c d.), Viberphoto.com : 11 (b), Laurent Granier : 37 (c g.), Caroline Peeters : 53 (ht, c g.), Tatiana Brzozowska : 55 (ht) ; Lara Mattelart : 55 (c g.), Eric Balian : 55 (c d.), Whiteway : 55 (b d.), Carole Blin : 71 (c g.), Peter Gregor : 71 (c d., b g.), Clémence Carcanague : 75 (ht, c d.), Julien Paturaud : 75 (c g.), Candice Manse : 75 (b g.), Anne Deckel : 75 (b d.), Valérie Gall : 91 (ht, b d.), Mathilde Salmon : 91 (c g., c d.), Sandrine Perrot : 158. Hélène Le Pelley : 113 (ht), Yann Guiguen : 113 (c g.), Sarah Graham : 113 (c d.), Marion Hecquet : 113 (b g.), David Brunet : 113 (b d.)

Family voyageuses

Les5ailleurs – 117 (ht, c g., b)
Les aventures d'Arthur et Thibaut – 61 (c d.)
Audrey Alonso – 85
M2B – 69 (c g.), 87 (c g., c d., b g., b d.), 109 (c, b)
Martin Basdevant – 33 (c d., b d.)
Yan Bellerose – 127
Virginie Bossu – 79 (c, b g., b.d)
Céline Bulleux – 99 (b d.)
Sylvie Courtois – 41 (ht d.)
DaCaLuF – 115 (ht, c g., c d., b g., b d.)
Anne-Sophie Danthony – 131
Alicia Desprets - Doudou & Stiletto – 39 (c d., b d.), 51 (c g., b d.)
Pauline d'Estalenx – 59 (c d., b g.)
Audrey Ferrand – 123
David Ferriol – 21 (c)
Bénédicte Gallon Saltarelli – 13 (c d.), 115 (b d.)
Amélie Goudon Sapet – 95 (c, b g.)
Stéphanie Gröll – 59 (c g., b d.), 67 (c g., c d.)
Juliet Hedden-Michel – 41 (ht g., c g., b), 43 (c d., b d.)
Gaëlle Hunziker – 105 (c)
Blandine Julien – 129
K-1000 – 11 (c g.), 71 (b d.)
Matthieu Landrieu – 77 (ht, c d.)
Stéfan Le Dû – 43 (ht, c g., b g.)
Philippe Lemarchand – 125
Julien Lintanf – 89 (ht, b g.)
Virginie Muti – 111 (c)
Anthony Pasquale – 47 (ht, c d., b g.)
Magali Selvi – 5 (c d., c g.), 17 (ht, c g., c d., b g., b d.), 51 (ht, c d., b g.), 69 (ht, c d., b), 102-103, 107, 118-119, 121
Magalie Siegel – 23 (c g., c d.)
Vincent Vuillaume – 97 (ht, c d., b)
Voyages Mareblue – 81 (ht, c d., b)

Offices de tourisme

Nous leur adressons tous nos remerciements pour leur aide précieuse :
Turismo Lanzarote – 23 (ht, c, b)
VisitJordan – 29
Courtesy Visit California – 33 (ht, c g., b g.)
Tourisme irlandais – 4 (c g.), 44-45, 61 (c g., b)
VisitDenmark – Kim Wyon/VisitDenmark : 63 (ht, c g., b d.), Tivoli Frieheden/ VisitDenmark – 63 (c d.)
Tourisme Québec – TQ/Christian Savard : 89 (c), TQ/Jeff Bartlett : 89 (b d.)

Agences

AdobeStock – OlegD : 12 (ht), Christopher Howey : 12 (c g.), Jakob Fischer : 12 (b g.), Marina Ignatova : 12 (b d.), michilist : 17 (c), srady : 19 (c g.), Fyle : 21 (ht), Samuel B. : 25 (ht g., c g., b), Erwin Barbé : 25 (ht d.), saiko3p : 37 (ht), Noppasinw : 39 (ht), malajscy : 47 (c g.), PackShot : 47 (b d.), kevin_guillois : 53 (b d.), ollirg : 55 (b g.), pure-life-pictures : 59 (ht), giumas : 61 (ht), Lefteris Papaulakis : 67 (ht), Pat on stock : 67 (b g.), Mickletos : 67 (b d.), eugenesergeev : 71 (ht), kite_rin : 77 (c g.), TL_Studio : 77 (b), defpics : 79 (ht), Maria : 79 (b c.), fredcardoso : 81 (c g.), sunsinger : 5 (ht g.), 82-83, Puripat : 87 (ht), alphacero : 93 (ht), Chris Peters : 93 (c g.), guever1966 : 93 (b g.), Kseniya Ragozina : 93 (c d.), gaelj : 93 (b d.), Uwe Bergwitz : 95 (ht), Volker Haak : 95 (c d.), BlueOrange Studio : 95 (b d.), GET : 97 (c g.), Anh Ngo : 99 (ht), Marco Saracco : 99 (c), aussieanouk : 99 (b g.), lkunl : 105 (ht), Olga : 105 (b g.), sutiporn : 105 (b d.), Richard Yoshida : 109 (ht), ecuadorquerido : 111 (ht), gudkovandrey : 111 (b), Iuliia Sokolovska : 117 (c g.)
Hemis – Jon Arnold Images/hemis.fr : 25 (c d.), Gilles Rigoulet: 53 (c d.), Minden/hemis.fr : 93 (c d.)
Getty Images - THEPALMER (91 b g)
Shutterstock - 8, 10, 12, 14, 16, 18, 20, 22, 24, 28, 30, 32, 34, 36, 38, 40, 42, 46, 48, 50, 52, 54, 56, 58, 60, 62, 66, 68, 70, 72, 74, 76, 78, 80, 84, 86, 88, 90, 92, 94, 96, 98, 100, 104, 106, 108, 110, 112, 114, 116

Remerciements de l'auteur

Ce livre est la concrétisation d'un rêve d'enfant mais il n'aurait pas pu voir le jour sans Cyrille, mon mari, mon soutien de chaque instant et l'amour de ma vie ; sans mes enfants, Romane et Charlie, qui me donnent l'énergie de déplacer les montagnes au quotidien ; sans mes parents, pour leurs précieux conseils et leurs oreilles attentives ; sans Sara et sa vision graphique dont je suis une fan inconditionnelle ; sans Mamie Cookie et ses relectures studieuses ; sans Sandrine Perrot de Terres d'Aventure qui a cru en mon projet dès le début ; et, bien entendu, sans chacune des nombreuses *family* voyageuses qui ont contribué à rendre ce livre authentique et vivant avec leurs jolies photos. À tous et toutes, je vous remercie du fond du coeur.

Conception du projet et auteur : Caroline Krauze
Conception graphique et direction artistique du livre : Sara Comte
Cartographie : Sara Comte et Camille Dupont
Conception graphique de la couverture : Elsa Antoine
Lecture-correction : Michèle Fernandez

Hachette Tourisme

Direction : Nathalie Bloch-Pujo
Direction éditoriale : Cécile Petiau
Édition : Marine Barbier-Blin et Camille Dupont
Ont également collaboré : Frédéric Clémençon, Oriane Gambatesa et Émilie Lézénès
Fabrication : Rémy Chauvière

L'éditeur remercie Camille Dupont pour son aide et son regard plus que précieux lors de l'édition de ce livre.

Contact presse : Rachida Mazef, rmazef@hachette-livre.fr ☎ 01 43 92 36 66
Contact publicité : Valérie Habert, vhabert@hachette-livre.fr ☎ 01 43 92 32 52

Pour nous écrire : Hachette Tourisme / Guides Évasion
58 rue Jean-Bleuzen - 92170 Vanves
evasion@hachette-livre.fr

Édité par Hachette Livre, 58 rue Jean-Bleuzen, CS 70007, 92178 Vanves cedex
Imprimé en Espagne par Macrolibros SL
(C/Vasquez de Menchaca, 9, P.I. Argales, 47008 Valladolid)
Achevé d'imprimer : février 2018 – Dépôt légal : février 2018
ISBN : 978-2-01-625653-4
28-6447-3